鹿鸣 | ECHO

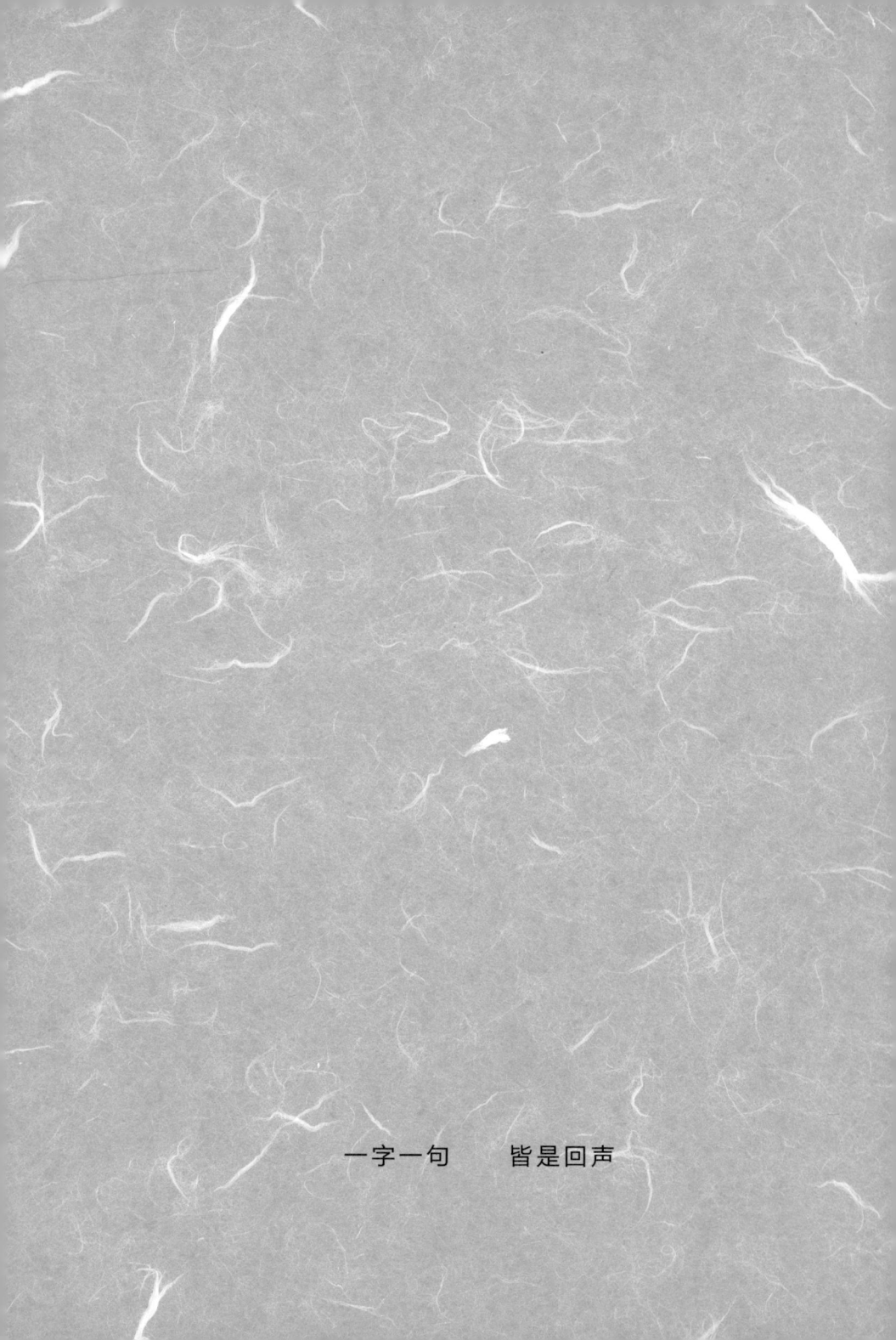

一字一句　　皆是回声

大 家 谈

教育部人文社会科学重点研究基地
安徽师范大学中国诗学研究中心资助项目

谈治学

刘学锴 —— 撰

中州古籍出版社
·郑州·

图书在版编目（CIP）数据

谈治学 / 刘学锴撰 . -- 郑州：中州古籍出版社，2025. 3.
（大家谈）. -- ISBN 978-7-5738-1966-6

Ⅰ. G795-53

中国国家版本馆 CIP 数据核字第 20258EH764 号

本书为教育部人文社会科学重点研究基地
安徽师范大学中国诗学研究中心资助项目

TAN ZHIXUE

谈治学

出 版 人	许绍山
选题策划	卢欣欣　高林如
责任编辑	高林如
责任校对	刘丽佳
美术编辑	王　歌
装帧设计	天外天 / 王慧欣

出 版 社	中州古籍出版社（地址：郑州市郑东新区祥盛街 27 号 6 层 邮编：450016　电话：0371-65788693）
发行单位	河南省新华书店发行集团有限公司
承印单位	河南印之星印务有限公司
开　　本	890 mm × 1240 mm　1/32
印　　张	9.25　插页 16
字　　数	257 千字
版　　次	2025 年 3 月第 1 版
印　　次	2025 年 3 月第 1 次印刷
定　　价	58.00 元

本书如有印装质量问题，请联系出版社调换。

刘学锴

欣欣：

你耽心我自己写的文章太少。可能是由于忘略了我在《刘学锴讲李商隐》上册附录的十篇文章（2023年版）及将要出版的《刘学锴讲温庭筠》将作为附录的五篇文章和纳入正文的《说温李之异》《说温韦之异》，还有即将发表……半纪漂泊"再考"学……"虽狭而细，书不厌改……上说，也是我对李……二书的附录的字数……，24000字"。而项楚……社出《曹道衡文集》……曹先生的论文才是他……中，董乃斌先生的那……学长的那篇也用了心……用。王子龙"评笺"……亦可。当否，请酌。

刘学锴 2024.3.29

欣欣：

对全书目录我作了如下调整改动，你如同意，事情会简化得多。

- □目录□ 虽狭未细，书不厌改（书的改页影响你先生的信心）
- □索引附改录□
- □新序□
- □访谈□、以答问改为访录，史切合实际。
- □著述年表□（旧文学论合册所附年表校对一下）
- □评价□ 是就先师的很小工作范围的文章（不用的采字）
  以下再载袁、程、项、董等人的评价，但不分所评之对象，（即分唐诗、李商隐、《评笺》3则加评介3则。使"这部分这套书的评价部分略去。反正都是对我的著述的评价。这样你所担心的《温庭筠全集校注》评价太少也不成为问题了。
  我对你们的校注比以文章介绍九篇，但都讲不到点子上，故弃而不用。）

在本书编校过程中，刘学锴先生多次就相关细节致信有关负责同志

虽狭求细　书不惮改

我这一辈子,"读书教书写书改书"八个字便可概括。虽从小喜爱唐诗,但研究的范围实在太窄,仅限于李商隐、温庭筠两家,且对温集的整理研究还存在不少盲区。禀赋平常,逻辑思维薄弱,理论修养不足固为主观原因,也缘于我生身的家庭本非书香门第,从小并未受到系统的传统文化教育。1952年考入北大中文系之前的十九年,几乎全在战乱中度过;1957年反右开始后的二十年,也基本上在运动中虚废。严格地说,比较勤奋的读书时间不过五年(本科四年和研究生第一年),所涉者也仅限于文学史上一二流的作家作品,有的只是浏览而非深度阅读。这样的知识结构是有严重欠缺的。到1975年开始起步作研究时,年已逾不惑,只能将范围压缩在狭小的范围。所幸李、温两家,对他们的评价虽有争议,但其艺术成就与对后世的影响无论如何可称大家。因此我还可

《虽狭求细　书不惮改》手稿

《李商隐诗歌集解》

《李商隐文编年校注》

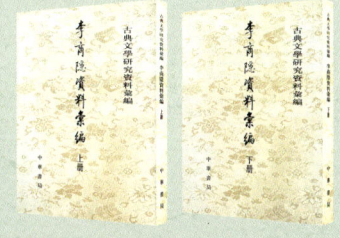

《李商隐资料汇编》

《李商隐诗歌接受史》

《李商隐诗选》

《温庭筠全集校注》

《温庭筠诗词选》

《唐诗选注评鉴》

《李杜诗选》

《刘学锴讲李商隐》

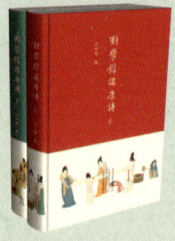
《刘学锴讲唐诗》

《刘学锴讲温庭筠》

出版说明

2011年10月,刘学锴先生注评的《温庭筠诗词选》在中州古籍出版社出版,由此拉开了刘先生与我社长期合作的序幕。十几年间,刘先生在我社陆续出版了《李商隐诗选》(与余恕诚先生共同注评)、《唐诗选注评鉴》(全二卷)、《唐诗选注评鉴》(十卷本)、《李杜诗选》、《刘学锴讲唐诗》、《刘学锴讲李商隐》、《刘学锴讲温庭筠》等著作。这些著作是刘先生四十年潜心研究温(庭筠)李(商隐)、钟爱唐诗的明证。能够在我社出版这些学术名著,充分体现了先生对我们一家地方出版社的信任和重托,这份深情厚谊始终温暖着我们。更令我们感动的是,每部著作出版不久,先生即着手做修订完善的工作。他虚怀若谷,非常重视学界和读者的反馈。每次重印,他都会根据唐代文学研究的最新成果和各方反馈对书稿再修订、再完善。这是他对学术的敬畏,更是他对读者的高度负责。

"虽狭求细,书不惮改",这是先生的谦辞,同时体现了他的学术气魄。他专注于打一口深井,同时不断超越自己,在唐代文学研究领域始终保持青春和活力。需要进一步说明的是,本书在结构设计上有独特之处。与同类书不同的是,本书特别增设了"承教即改录""新考"和"学人评论"。"承教即改录"作为本书的一大亮点,是刘先生"书不惮改"的具体实践。"新考"部分精选的论文皆为刘先生最新研究成果,我们深信,研读论文是学习治学方法的基础。"学人评论",则汇聚了学界专家对刘先生治学理念、方法及成就的总结与感悟,这不仅为读者提供了以多元视角审视刘先生治学的机会,也促进了学术思想的交流与碰撞,有助于读者在更广阔的语境下理解先生的治学之道。

我们深知,在求学成长之路上,要有光。这本《谈治学》精彩呈现了刘先生的治学理念、治学方法。这本书就是先生点燃的一把火炬,盼望有心的读者都能从中获得启发,踏实走好自己的人生路。

中州古籍出版社
2024 年 8 月 20 日

目 录

自 述
虽狭求细　书不惮改 / 003

承教即改录
关于《唐诗选注评鉴》的修改例举 / 045

新 考
李商隐"浙水东西，半纪漂泊"再考 / 049

温庭筠、段成式晚年经历交游考 / 057

说"脸"——以温庭筠词为例 / 065

许浑与温庭筠异趋浅说——从温李许杜的交往说起 / 071

著述年表及获奖情况
著述年表 / 085

获奖情况 / 097

访谈与报道

诗家总爱西昆好,今喜有人作郑笺　/谢琰 103
文学研究不是"摊大饼"　/刘剑 131
潜心温李四十载　热爱唐诗一世情　/韩震军 141
刘学锴:唐诗的知音　/常河 179
刘学锴:下笨功夫,做真学问　/王树森 184

学人评论

指引读者开启唐诗的大门　/袁行霈 197
"笨功夫"才是真功夫　/程毅中 199
闲话李商隐的文集　/顾农 203
刘学锴先生的李商隐研究　/董乃斌 206
评刘学锴、余恕诚《李商隐文编年校注》　/董乃斌 209
以专业的工匠精神仔细打造的精品　/董乃斌 218
两种唐诗选　/陈尚君 221
体现文学本位、读者本位的唐诗选本　/莫砺锋 225
何为学术,学术何为?(节选)　/莫砺锋 231
古典作品研究的更大意义在于传承　/莫砺锋 235
这部书,将推动唐诗的经典化　/詹福瑞 240
普及经典,自身也可以成为经典　/刘跃进 243
这部书,专业学者不觉得浅,普通读者不觉得深　/钟振振 246
这部书,增加了唐诗的光荣　/罗时进 250

这部书,代表着当代唐诗评选的水平　/蒋寅 254

一位纯粹的学者和一部有用的书　/胡可先 258

近年来最好的唐诗选本　/胡晓明 263

一书、一师与一学科——《唐诗选注评鉴》读后　/李浩 266

近世诗选之诗学体式的集大成高峰　/陈引驰 271

这部书,为人民、为社会而著　/过常宝 275

一部具有学术"现代性"的唐诗选本　/彭玉平 278

听师一年课,定我一生业　/查屏球 281

自述

001~042

虽狭求细　书不惮改

我这一辈子，用"读书、教书、写书、改书"八个字便可概括。虽从小喜爱唐诗，但研究的范围实在太窄，仅限于李商隐、温庭筠两家，且对温集的整理研究还存在不少盲区。禀赋平常，逻辑思维薄弱，理论修养不足，固为主观原因，也缘于我出身的家庭本非书香门第，从小并未受到系统的传统文化教育。1952年考入北大中文系之前的十九年，几乎全在战乱中度过；1957年反右运动开始后的二十年，也基本上在运动中荒废。严格地说，比较勤奋的读书时间不过五年（本科四年和研究生第一年），所读也仅限于文学史上一二流的作家作品，有的只是浏览，而非深度阅读。这样的知识结构是有严重欠缺的。到1975年开始起步作研究时，年已逾不惑，只能将研究领域压缩在狭小的范围内。所幸李、温两家，对他们的评价虽有争议，但其艺术成就与对后世的影响，无论如何可称大家。因此我还可在前人基础上继续细加钻研，取得一些成果。

专攻义山三十年，并非我的主动选择，而是自应人民文学出版社之约与余恕诚合撰《李商隐诗选》开始的。由于所凭借的前人有关著述甚少[主要是朱鹤龄的《李义山诗集注》(以下简称"朱鹤龄注本")、冯浩的《玉谿生诗集笺注》(以下简称"冯浩注本")、沈厚塽的《李义山诗集辑评》、张采田的《玉谿生年谱会笺》(以下简称"《会笺》")与岑仲勉的《〈玉谿生年谱会笺〉平质》(以下简称"《平质》")和少量诗话、笔记中的有关资料],撰写时间又短(实际时间仅一年半)。再加上时值"文化大革命"后期,思想束缚较多,反映在选目上,就是一些艺术性较高,但情调偏于感伤,风格偏于绮艳之作往往弃而不选。近600首义山诗只选了104首,遗珠之憾是明显的。陈尚君教授说此书"很复杂难解的诗,讲得晓畅明白,揭示晦旨,曲传隐意,很是方便初学",已经带有溢美的成分。实则此书在大的方面几乎没有什么新的发明,特别是生平游踪的考证与诗歌系年的考证,以及与此密切相关的对诗的诠释,均大体遵从前人。诗之系年基本照抄冯浩注本所附年谱(以下简称"冯谱")。尽管岑氏《平质》已对义山江乡及巴蜀之游加以质疑,但撰此书时亦未深入探考。重提此书之幼稚,意在说明,要研究一位艺术成就很高而又存在问题很多的大诗人,不花长期的苦功夫、笨功夫是不行的。

我研究生阶段师从林庚先生研治魏晋南北朝隋唐五代文学;在北大古典文献专业初建时期,又编写过《古籍整理概论》,开设过校勘学课程。虽均仅懂得一点皮毛,但对我此后的研究方向与方式却有决定性影响,即以古籍整理的方式来研治唐诗。这次遇到李商隐这样一位素称晦涩隐僻,难以索解,而又众说纷歧的大诗人,便自然想到,花大力气做一部包括会校、会注、会笺、会评,而又有自己新的考证成果和阐释成果的《李商隐诗歌集解》,可能是最合适的方式。

要做集解,首要的工作便是穷搜一切古今资料,竭泽而渔。这在今天,用电脑检索自然相对容易,但在20世纪70年代中期到80年代初,却只能多方查找寻觅,全靠手工抄写这种最原始且耗时费力的手段。移录重要版本异文及部分有关资料的工作虽从1975年我去北京时即已开始,但大量的工作却在后头。《集解》的正式撰写工作始于1979年4月,1981年即由我写完全部初稿,加上恕诚看稿提出修改意见后,两人分头抄改的时间,加起来亦不到四年。而搜集抄写资料的时间先后却用了五年(且撰写过程中仍不时有新材料须补抄)。这工作很苦很累。一次,抄写程梦星的《重订李义山诗集笺注》(校图书馆无此书,影印又无经费,只能从安大图书馆借阅抄写,图书馆限期归还),连续抄十四昼夜方毕,手肌劳损,提热水瓶时差点砸在脚上。琐事重提,是因为今天的年轻学人恐怕很难想象当年我们这一辈搜寻抄写的艰难。但今天想来,这种手抄,不同于古代书吏的机械抄写,而是边抄边思考边判断,是有明确目的且过了脑子的抄书,因此不但记得牢,而且对它们有一定的价值判断,这样,在关键时刻就能触类旁通,由此及彼,联系起来考察,得出新的结论。前印刷时代文人抄书,或因书之难得;印刷时代仍有不少文人以抄书代读,恐只能理解为这是一种过脑入心的阅读。

李商隐研究史上,唐末至明末,对其人品诗品的负面评价远超正面评价。其实许多人根本未读过他的诗文集,只凭少数选本所载下结论,或因抱"诗必盛唐"的偏见而刻意贬低晚唐之翘楚义山。

但自清代初期起,却掀起了一个连续二百年的李诗整理研究高潮,其余波还延及民初。自钱龙惕至民初的张采田,重要的笺注本、选笺本、选评本不下十五六种(还不包括许多诗话中精彩的评论)。其中如朱鹤龄注本、冯浩注本、张采田的《会笺》更是李商隐研究史上三部里程碑式的著作。纪昀的选评本《玉谿生诗说》和刘熙载《艺概·诗概》中虽简短却极精到的评论,叶燮《原诗》中对晚唐诗的正确态度尤其值得重视。这一切,一方面为我们今天做《李商隐诗歌集解》提供了重要参考、多方选择和启示;另一方面,他们在诗人生平、行踪、诗文系年、诗意阐释等方面的重大失误,则又为今天撰著《集解》提供了着力的方向。其中,冯、张力主的江乡之游与巴蜀之游,涉及的误系误解诗就多达百首(篇)左右。岑仲勉先生虽曾在《平质》及《唐史余沈》中提出有力驳正,但因无确证,故只能驳其证而不能驳其说。这方面也成为《集解》考证与阐释的用力重点之一。

　　清代注家另一影响深远的弊病是解诗的比附穿凿乃至形同猜谜。明代杨基已开其端,以为《无题》诸诗"皆托于臣不忘君之意,而深惜乎才之不遇也"。至清初吴乔《西昆发微》,又提出寓意令狐(绹)说,变杨基之君臣遇合说为朋友恩怨遇合说。所托内容虽不同,但解诗方法同为索隐比附。这种解诗方法由吴乔肇其端,程梦星、冯浩张其势,至张采田而登峰造极,不但对《无题》诗的解读任意比附,而且对一大批其他诗作也如法炮制,随意制造寓意对象。①其流风所及,甚至连五四后新文学作家苏雪林之力主《无题》

---

① 详见《刘学锴讲李商隐》下册434页,中州古籍出版社2023年版。

系爱情诗者,其解诗方法也同样比附穿凿。此风且延及当代。可以说,不走出穿凿比附的误区,李商隐诗的研究便很难走上正轨。

通过对李商隐研究史的回顾,不但可以看到前人所取得的巨大成绩,特别是朱鹤龄对义山人品诗品的充分肯定和平实而不务穿凿的诗注对后人的启示;冯浩在未见《永乐大典》203篇佚文的条件下考定了比较确切的义山生卒年及重要仕历、寄幕时地,并将其诗文加以系年,诗之注释问题也大部解决,可以说冯浩注本是研究义山诗文最重要的参考著作;张采田则对义山所历各朝史事及与义山诗文有关人事作了更详密的考订载录,纠正了不少冯谱的失误和文题的错误,"唐集人事之探究,自今而前,无有若是之详尽"(岑仲勉《平质》),为知人论世解义山诗提供了更厚实的基础。前贤的研治成果理当继承吸取,他们的考证、系年、阐释失误更是今天做《集解》着力的重点。主要有以下几方面:

一是力求将整理与研究结合起来。集解这种整理方式,古已有之,即以文学古籍而论,也有不少带有研究性的著述,如孔颖达之《诗经正义》、朱熹之《楚辞集注》、清儒陈奂之《诗毛氏传疏》、马瑞辰之《毛诗传笺通释》及不少楚辞著述,均不同程度具有研究性。但《诗经》除朱注时出己见外,他书均囿于"疏不破注"之传统原则而难以独抒己见。而义山诗由于前人在考证、系年、阐释诸方面存在一系列失误,则必须有针对性地通过翔实的考证和正确的阐释破除旧说,另立新说。不但"传"的部分应着力于"破","论"的部分也应在全面性的基础上力求提出前人未触及或未展开论述的新问题,并进行探讨(如李商隐与宋玉及中国文学史上的感伤主义传统,义山诗与唐宋婉约词,义山诗抒发人生感慨的基本特征,义山诗的白描胜境、纷歧与融通,古典文学研究中的李商隐现象),力求在立的过程中有所创新。由于禀赋学养所限,这方面可能很粗浅。但这些论题无一不是在整理过程中通过反复的阅读思考而形成的。义山生平及游踪的考证,从1980年至2023年,一直在进行,其中光是考辨江乡之游的文章就从不同角度写了三篇。辨正巴蜀之游,则散见于具体诗篇的笺释中,读者完全可以从这些笺释考证中得出冯、张所说的巴蜀之游(二人具体说法不同)纯属子虚乌有的结论。

二是力求突破以往古籍整理单纯以注释词语典故及少量人名地名的考证为主的方式,力求将自己对每首诗(特别是重要作品)的内容、旨意乃至诗艺作比较详细的解说,对可以大致系年的作品作具体考辨。不少古籍整理著述者往往认为,其主要任务是注,只要将词语典故及有关人名地名注出来了,就完成了整理者的任务,至于读者如何理解这首诗,那是读者的事,整理者不必越俎代庖。殊不知整理者乃是他所整理的这部书的第一读者,完全应将自己对每首诗的考释向读者展示,引发读者的进一步思考,或丰富或否定整理者之考证阐释。整理者的详细导读,建立在对作家作品已作过较深入的研究和翔实考释的基础上,其正面作用自然超过误导作用。

三是力求将提高与普及结合起来,使经过精细整理考释的古籍既能为专家学者所用,又能为具有一定文化水平的普通读者所用。这与上一条(整理方式)密切相关,对文学史上的大家名家尤为重要,因为他们的作品往往拥有广大的读者。只读选本,难窥全豹,而全集的详细阐释则能满足大量普通读者的需求。这对弘扬优秀传统文化来说是一种有效途径(中华书局2021年出版《李商隐诗歌集解》简体横排本,一次即印行5000部)。

  无论是校、注、笺、评、考证、阐释,关键性的前提是对作品的细读。用最通俗的字眼来表述,就是"抠"。全篇的每句每字,包括一些有多种义项的,为一般注家所忽视不注的虚字,都必须仔细地"抠"。既不能明知有疑难而装作看不见,也不能随便读过而发现不了其中的问题。我的第一篇考辨文章,否定了冯、张力主的,在开成五年九月至会昌元年正月期间,李商隐有所谓江乡之游这一说法①,就是抓住《赠刘司户蕡》这首诗中的"归"字"抠"出来的。冯、张均将该诗编于会昌二(当作元)年,谓系贬谪柳州途中作。岑仲勉《平质》虽提出有力质疑,但他将此诗系于刘蕡已在柳州贬所时,亦明显与诗之首联所写景象不符,又乏内证,故难成立。我从此诗第四句"更惊骚客后归魂"一句中的"后归"二字得到有力的反证。义山明明说刘蕡已从柳州贬所归到长江沿岸,只不过是"后归"(即迟归)而已,足见刘蕡并未卒于柳州贬所,而是事隔多年之后方北迁至沿江荆楚某地,义山与其途遇,故有此赠诗。冯、张将此诗解为贬柳途中,与"后归"直接冲突,显属误系。得此有力内证后,遂进一步对冯注所引的罗衮《请褒赠刘蕡疏》进行复核审查,发现冯、张所引系不严格之节引,与《全唐文》所载《请褒赠刘蕡疏》全

---

① 《李商隐开成末南游江乡说再辨正》,《文学遗产》1980年第3期。

文有不小距离,极易产生误解。冯、张正是以自己错误的节引疏文得出"身死异土(指柳州),六十余年"的错误结论。实则据罗疏原文"竟陷侵诬,终罹遣逐,沉沦绝世,六十余年","沉沦"乃指政治上的失意沉埋、沦落不遇,"绝世"方指辞世。"六十余年"当从"沉沦"(即被贬之日)算起,自天复三年上溯六十余年,刘蕡贬柳当在会昌初(甚至更早),而此诗则作于刘蕡内迁与义山相遇时。结合武宗卒宣宗立,牛党旧相纷纷内迁乃至还朝任要职之政治形势,刘蕡内迁当在大中初,其未卒于柳州贬所亦了然无疑。这正是"抠"住关键字"后归",进而详审冯、张所提供的节引罗疏与原文不符,从而得出的结论。刘蕡贬柳至北归,长达八年,的确是"后归"(迟归)了。这一考证,开始时还有学者质疑。后来发现刘蕡次子刘理的墓志拓本,志文明确记载,刘蕡"贬官累迁澧州员外司户",蕡确未卒于柳州贬所,而是量移内迁到澧州为员外司户。再结合义山哭蕡诗"去年相送地,春雪满黄陵"及"黄陵别后春涛隔"之句,和义山大中初年行踪,可以断定义山与刘蕡相遇并赠诗的时地为大中二年春初在湘江入洞庭湖附近之湘阴县黄陵。① 后来又撰《李商隐开成五年九月至会昌元年正月行踪考述——对李商隐开成末南游江乡说的续辨正》,将这五个月中义山之行踪及所作诗文一一按时间考述排列,证明义山在此期间正忙于移家长安樊南,并旋即应茂元之招赴陈许。于启程之前、沿途所历、到陈许后,以及赴华州周墀幕所作一系列公私文翰,用铁的事实证明在此期间义山绝无可能

---

① 详《〈李商隐开成末南游江乡说再辨正〉补证》,《文史》第四十辑。

作冯、张力主的江乡之游。经过这样前追后堵的考驳，冯、张之说遂全面崩溃。之所以较详提及这一系列考证，是由于它涉及上百首义山诗文的系年和内容阐释，必须用过细的笨功夫将其办成铁案，以免贻误读者。

　　再举一个"抠"的实例，这回是"抠"句中字眼具体所指。义山之《韩冬郎即席为诗相送一座尽惊他日余方追吟连宵侍坐徘徊久之句有老成之风因成二绝寄酬兼呈畏之员外》，虽是两首七绝，但对它的系年、解读却众说纷纭。光是作年，便有大中五年说、六年说、十年说三种。问题的关键在如何正确理解第二首的前两句："剑栈风樯各苦辛，别时冰雪到时春。"诗的长题说明，大中五年义山赴东川幕前夕，韩偓(小字冬郎)曾在宴席上为诗相送，义山此二绝即寄酬韩偓兼呈其父韩瞻(义山连襟)者。对"剑栈"二句，或说义山自指赴梓，登山涉水总十分辛苦，系大中五年义山赴梓前同城寄酬。或说指去冬分别于长安，各取道于水陆，今(大中六年)春俱至蜀中矣。或说义山大中五年秋末赴梓，十年春至京。五年同城寄酬说本就勉强，因既已设宴饯别义山，当于翌日或即由韩瞻送义山至咸阳，有《赴职梓潼留别畏之员外同年》可证。而义山九月下旬赴梓，十月二十日左右已达梓州，说自己"到时春"，即使是行前大致估计，亦离实际时日太远。十年说则与韩瞻宦历明显不合。大中五年瞻已为员外郎，后出刺普(依叶葱奇、陶敏说)州，自普还朝后已升任虞部郎中(见《东观奏记》)，何能于十年春仍称其为员外？我主六年说，但韩瞻非出刺普州，因与"迎寄"不符。《迎寄韩普州同年》作于六年春韩瞻出刺普(原作鲁，形近致误)州时。普州在梓州之南,故义山可"迎寄",瞻刺普,冬郎当随侍,故义山作此二诗"寄酬"冬郎并兼呈"韩瞻"。然则,"剑栈"二句系谓,韩瞻父子于五年冬冰雪之候(约岁末)告别长安,抵达普州已是六年春,"剑栈风樯"系指韩瞻父子赴普之水陆行程而言。称员外而不称刺史,则唐人重京职轻外官之习。如此解释,全诗方豁然贯通。

再说"抠"用典。义山有一篇题为《为尚书渤海公举人自代状》的文章,"尚书渤海公"指高元裕,因状文一开头就提及担任京兆尹之职,故冯浩、张采田均认为此状作于唐文宗卒后未久(状有"肇建园陵"之语)。而举以自代的官吏,一为周墀,一为崔龟从。文中用了一系列典故历叙二人所担任的官职。据萧邺撰《渤海高公神道碑》及其他有关材料,高元裕任京兆尹,当在开成五年八月至会昌二年六月这段时间内,其接任京兆尹之时,文宗章陵早已建成启用,可证状文所称"方营鄗毕(周文王、武王葬于毕,在鄗东南,此指帝王陵墓),肇建园陵"绝非指文宗章陵,而是另有所指。再细审举以自代之周墀、崔龟从二人之历官时所用之典故,周之历官已至会昌六年左右,崔之历官亦已至会昌六年三月以后(具体解说见《李商隐诗文集中一种典型的脱误现象——从〈为尚书渤海公举人自代状〉题与文的脱节谈起》,载《中华文史论丛》2001年第3期)。最后得出的结论是:商隐自编的《樊南甲集》中既有为京兆尹高元裕的举人自代状,又有为会昌六年任京兆尹的某某撰拟的举人自代状(此京兆尹当为义山居天平幕时之同幕韦正贯),《文苑英华》在编书时"于宗元、居易、权德舆、李商隐、顾云、罗隐辈,或全卷收入"(周必大《〈文苑英华〉序》)。抄胥因前后二篇均为京兆尹举人自代状,遂脱抄前状之正文与后状之文题(可拟为《为京兆公举人自代状》),使之成为一篇题与文脱节之拼接品。冯浩等注家由于未细审文中用典说明周墀、崔龟从之历官已至会昌六年,与高元裕任京兆尹的时间存在不可调和之矛盾,致使这篇拼接品的秘密一直延续了千余年。该文并指出义山文中前题与后文拼接的情况并非独例。钱振伦已发现《为汝南公贺元日朝会上中书状》与另一篇贺武宗会昌二年上尊号状的拼接品。不但文中有此现象,诗中亦多此类拼接品。纪昀等已经指出《无题二首》之二("幽人不倦赏")一首"系与无题诗相连,失去本题,误合为一者"。又如,《蝶三首》之二、三(长眉画了、寿阳公主)亦为与第一首《蝶》相连,失去本题,误合为三首者。或将后二首题为《无题》,更误。他如《楚宫二首》、《咏史二首》、《留赠畏之三首》之二、三均属于这种情形。这是由"抠"典故发现的典型现象推广至诗集校勘的收获。

　　前文说到的抄书代读,乃是一种过脑子的读。这使我对商隐诗文中提及的有关材料记得比较熟,往往能从看似不相干的材料中发现它们之间的联系,从而提出问题、解决问题。《李商隐梓幕期间归京考》便是一个典型例证。大中五年深秋义山赴梓幕时,韩瞻曾送其至咸阳,义山有《赴职梓潼留别畏之员外同年》,尾联云:"京华庸蜀三千里,送到咸阳见夕阳。"但诗集中又有《留赠畏之》七律,题下原注云:"时将赴职梓潼,遇韩朝回。"诗云:

清时无事奏明光,不遣当关报早霜。
中禁词臣寻引领,左川归客自回肠。

郎君下笔惊鹦鹉，侍女吹笙弄凤凰。

空记大罗天上事，众仙同日咏《霓裳》。

据题下自注，似为大中五年赴梓幕前留赠韩瞻之作，但第四句"左川归客"明言自己从梓州归京，岂不直接矛盾？遗憾的是这个矛盾在1988年出版的《李商隐诗歌集解》中并未再深入思考，而是将"归客"解为思归客以调和之。但尚未出发即言思归已不符常情，故我在撰写增订重排本时就对此诗之作年进行了重新考证。曾国藩《十八家诗抄》对此诗的批注云："此必自东川奉使入京一次，故自称曰'归客'，与前留别畏之诗非一时也。"曾氏虽仅从"归客"得出"奉使入京"之结论，未作任何论证，但他的意见确实值得重视。我从商隐文中发现一向未编年的《为同州张评事（潜）谢辟启》《为同州张评事谢聘钱启》以及《为山南薛从事（杰逊）谢辟启》三文，通过详细考证，确认此三文当作于大中八年初，而大中七年十一月十日商隐犹在梓州，编定《樊南乙集》，其奉使归京当在此后，抵达长安已在七年末。另，诗集中有《赠庾十二朱版》亦在归京期间作。《行至金牛驿寄兴元渤海尚书》则为八年春自京归梓幕途次所作。八年九月以前，义山已在梓幕，有《剑州重阳亭铭》为证。进而又对《留赠畏之》诗首联两用郎中典，证明作此诗时韩瞻已自普州还朝，升任郎中（虞部郎中），故须直宿禁中。此日因无事奏明光。故朝回即可高卧，"不遣当关报早霜"。"当关"用《东观汉记》汝郁拜郎中之典。通过这一系列考释，此诗作于大中八年春遂可断定。考证张潜何时作二启谢郑颢（与张同年登第，郑颢系状元，张潜第二名），涉及其父郑祗德由楚州刺史调任同州刺史的具体时间问题，据《唐故范阳卢氏荥阳郑夫人墓志》，祗德调同州，乃因其时"关辅亢沴，民穷为盗，不可止"，"故朝廷借公治冯翊"。我马上联想到《通鉴·大中七年》的一条记载："冬，十二月，左补阙赵璘请罢来年元会，止御宣政。上以问宰相，对曰：'元会大礼，不可罢，况天下无事。'上曰：'近华州奏，有贼光火劫下邽。关中少雪，皆朕之忧，何谓无事！虽宣政亦不可御也。'"与《郑夫人墓志》所载完全一致，遂可断定敕旨下时义山正在回长安途中，为张潜撰二谢启时当在八年春初，其时义山已在长安。这种由彼及此的联想，即源于对有关材料的熟悉记忆。总之，这篇始疑而后方正视，终获新的考证结论的文章，不仅解决了三篇樊南文、两首玉谿诗的系年问题，而且在如何正确对待前人合理推测，否定自己此前误解方面也是一次锻炼。在学术研究中，勇于改错远胜固执于错误，多方辩解。这方面的事例经常会遇到。如义山在大中六年初赴成都推狱期间写过一首《杜工部蜀中离席》的著名七律，其颔联"雪岭未归天外使，松州犹驻殿前军"为王安石所激赏，以为"虽老杜无以过"。1988年初版《李商隐诗歌集解》疑此诗系自成都返梓州前离席上所赋，并引大中六年党项复扰边以释颔腹二联。2004年增订重排本从朱鹤龄注"此拟杜工部体也"得到启发，方改为："此种制题方式完全仿效江淹《杂体诗》三十首，与《李都尉从军》《班婕妤咏扇》《魏文帝曹丕游宴》《陈思王曹植赠友》等题完全一致。在江淹三十首杂体诗中，不但每首标明效某人之体，诗文内容亦全为设身处地悬拟所仿诗人之情事，而非江淹自身当前之情事。明乎此，方不致产生种种曲说误解,如程梦星以为颔联系写蓬、果百姓聚众反抗及被扑灭事,冯、张附会巴蜀之游,及编著者前引大中六年党项复扰边以解颔腹二联等,均其例。"详述对此诗的前后阐释之异,意在说明即使是对一首诗的理解,也要本着求实精神,不惮更正。其实,义山诗集中,此类拟作尚有《韩翃舍人即事》,即仿韩翃诗风格以《即事》为题之作。此外,明标出效长吉、徐陵、沈下贤者,乃至虽未标明而实际上仿效宋玉、阮籍、庾信、韩愈的则更多,也更重要。从这一系列拟作中,可以看出义山对前人学习之广,不仅学谁像谁,而且在转益多师、熔诸家之长的基础上创造出自己独有的风格。

  饶有趣味的是,这种改错有时竟会改到李商隐自己头上。他在《为濮阳公与刘稹书》中说:"太傅相公(指刘从谏)……才加壮室之年,奄有坏梁之叹。""壮室"用《礼记·曲礼》"三十曰壮,有室"之典,而《新唐书·刘从谏传》明载其"卒,年四十一",四十一才加"强仕之年"(《礼记·曲礼》:"四十曰强,而仕"),以精于用典著称的义山在这里犯了一个低级错误,用错了一个熟典。单看此文,或会认为义山偶然失误。但他在《梓州道兴观碑铭》中追述自己大中五年应柳仲郢之辟为东川节度使幕僚时又说:"陆平原壮室之年,交亲零落。"按:此用陆机《叹逝赋序》"余年方四十,而懿亲戚属,亡多存寡;昵交密友,亦不半在",可见在义山的记忆中,硬是把"强仕"记成了"壮室"(这在大中五年初秋作的《崇让宅东亭醉后沔然有作》"交亲或未亡"之句中亦可得到证明,其年义山四十岁)。由于这次用错熟典直接关系到义山的确切生年(元和七年至大中五年正好四十岁,与陆序"余年方四十"完全吻合),足以纠正似已成为定论的冯浩元和八年说，而且影响到李商隐年谱的起点。牵一发而动全身，这一考辨还表明，在大中五年其妻亡故后，整整一年的大部分诗歌均与悼念亡妻相关。下面，就围绕王氏亡故的具体时间这一关节点来谈另一项重要考证和一系列与悼亡相关的诗作的意蕴阐释，也不妨说是对某一专题的细化考释。如果这也算"抠"的话，不妨说是"抠"一个较长时间段的诗歌创作时间、内容、基调和后续影响，可以说是一种综合性细"抠"工作。

先从最关键的王氏亡故时间说起。冯浩、张采田都认为其亡于秋天（主要依据《王十二兄与畏之员外相访见招小饮时予以悼亡日近不去因寄》题内"悼亡日近"，及诗中"柿叶翻时独悼亡"之句，实则所谓"悼亡日近"不过指妻子亡故未久；"悼亡"非指妻子之卒，乃指因妻亡而伤感悲悼，均为泛指）。王氏亡故的具体时间，当以《房中曲》为的证。诗明言"蔷薇泣幽素，翠带花钱小……忆得前年春（大中三年春），未语含悲辛。归来已不见，锦瑟长于人"，说明大中五年蔷薇花初开时义山回到长安，王氏已故。蔷薇初开，花如小钱，上沾晓露，似在饮泣。其季候当在农历春暮，有储光羲《蔷薇》等诗可为类证。王氏卒于蔷薇初开之前，究竟在何时？《相思》（一作《相思树上》）提供了证据：

相思树上合欢枝，紫凤青鸾共羽仪。
肠断秦台吹管客，日西春尽到来迟。

此诗通过比兴、用典("秦台吹管客"用萧史吹箫,与弄玉成婚事),明谓自己在春暮之时行近长安,已闻王氏去世消息,往日紫凤青鸾之恩爱生活已不可再矣。当是义山在汴幕闻王氏病重消息,急忙回归,而行近长安时已闻噩耗,故云"到来迟"。此后,悼亡之情遂贯串其一系列诗作,如《咏怀寄秘阁旧僚二十六韵》(诗中提及儿女仆御而未及其妻,且全篇渗透伤悼情绪)、《崇让宅东亭醉后沔然有作》、《辛未七夕》、《昨夜》、《西亭》、《夜冷》、《七月二十八日夜听雨后梦作》、《七月二十九日崇让宅宴作》、《临发崇让宅紫薇》、《王十二兄与畏之员外相访见招小饮时予以悼亡日近不去因寄》、《赴职梓潼留别畏之员外同年》、《悼伤后赴东蜀辟至散关遇雪》等,总共十四首,构成了一个有相当规模的悼亡诗系列。而义山之所以是年七月即应柳仲郢之辟为梓幕记室,却迟至深秋方只身赴梓,未与柳仲郢同时赴梓,即因妻子灵榇须运回荥阳坛山安葬,幼子弱女亦需安排寄养人家之故。如深秋前妻亡,遂立即赴梓,未免太不近情理。若将悼亡诗再往后延,则诸如《壬申七夕》《七夕》《壬申七夕题赠乌鹊》《属疾》《李夫人三首》,乃至大中十一年作的《正月崇让宅》《过招国李家南园二首》等,都渗透着浓重的悼念亡妻之情。可以说,义山后期诗作之所以充满感伤情调,悼念亡妻应是一个重要因素,特别是它与自己的悲剧性身世和人生感慨相联系时,内涵便更为深广。

讲到义山的生年,虽有冯浩元和八年说、张采田七年说、钱振伦六年说三种似乎差别不大的说法,但如能考定,总是一项重要的考证。我是主张七年说的。主要证据有二:一是据《请卢尚书撰李氏仲姊河东裴氏夫人志文状》"会昌二(原作三,据下两句改)年,商隐受选天官,正书秘阁……距仲姊之殂,已三十一年矣";二是据《梓州道兴观碑铭》序中所言"陆平原强仕(原误为"壮室",见上文)之年,交亲零落"。此二证经合理校改后,均可视为的证(张氏仍据会昌三年之明显误文,说极支离)。三是从纠正冯注"接旧阴于桃李"之误入手,指出此句系用潘岳为河阳令,人号曰河阳一县花之典,借指李嗣为获嘉令已有数年,桃李亦成旧阴。上接"先君子以交辟员来,南辕已辖",下云"寄暂殡之松楸",正说明李嗣元和九年应孟简之辟时为获嘉令已满三年,因"交辟员来,南辕已辖",来不及将寓殡获嘉之裴氏姊灵柩运回荥阳坛山祖坟安葬,只能"寄暂殡之松楸"于获嘉。从而推断裴氏姊当于元和六年出嫁,因不满其夫裴允元而未庙见即被遣回父家,"实历周岁,奄归下泉",而"此际兄弟(指商隐及弟羲叟),尚皆乳抱"。进而推论出:商隐生于元和七年初,羲叟生于同年十一月末或稍后,而裴氏姊则卒于同年岁末。这一结论,从现存文献材料看,应是最少窒碍的。羲叟与商隐同年兄弟间格外亲密的关系亦可得到解释。因此七年生说并非折中,而是综合所有证据而得出的结论。前提是细,关键是熟。

  与生年类似的问题是商隐应进士试的次数和具体时间。这一问题被冯、张、岑诸家弄得很乱。我1994年开始校注《樊南文集补编》时,即已考明商隐自大和五年起即已参加礼部进士试,但五年、六年、七年均为贾𫗧(主考官)"所憎"而不取,九年又为崔郸所不取,至开成二年方借令狐父子之力而登第,故以为应礼部进士试共五次。这并没有错。但后来见到查屏球教授提供之宋人《雁塔题名帖》,大和九年四月一日,商隐曾与令狐绹、蔡京、令狐纬(后改名缄)同登大雁塔并题名,商隐自称为"前进士"(是年正月,商隐曾参加礼部进士试,落第,知举崔郸)。此"前进士"非指已登进士第尚未过关试者甚明,乃指乡贡进士(此点岑仲勉已指出)。因此商隐《上崔华州书》中自称"凡为进士者五年",乃指自己取得乡贡进士资格已有五年(大和五至九年,八年在崔戎幕未应试,但乡贡进士资格仍存,见《华岳题名》)。"凡为进士者五年"乃指自大和五年至九年具有乡贡进士资格之年数,而非指参加礼部进士试之次数。《上崔华州书》上于开成二年一月中旬,商隐尚未参加当年礼部进士试,自然不应包括在内。此类记载,如不仔细辨别,极易产生淆乱。

　　义山自称"玉谿生"。此"玉谿"冯浩举元耶律楚材诗《王屋道中》以证《奠相国令狐公文》中"故山峨峨,玉谿(溪)在中"之玉谿,系少年未第时,习业于玉阳、王屋之山。借引耶律楚材诗为证,稍嫌迂远。其实与义山同时代之《东峰歌》已为"玉谿"所在提供了直接的证据:

> 锦砾潺湲玉谿水,晓来微雨藤花紫。
> 冉冉山鸡红尾长,一声樵斧惊飞起。
> 松刺梳空石差齿,烟香风软人参蕊。
> 阳崖一梦伴云根,仙菌灵芝梦魂里。

　　此"东峰"即唐代道教名山玉阳山之东峰,义山《李肱所遗画松诗书两纸得四十韵》"忆昔谢四骑,学仙玉阳东"即此"东峰"。地在济源西北,系玉真公主习道之地。我曾亲至其地考察,见玉阳东西二峰相对,东峰尤为尖峭险峻,即当年义山习道之所,两山之间有小溪流过,即玉谿。或谓"东峰"即温庭筠《宿云际寺》"白盖微云一径深,东峰弟子远相寻"之"东峰",引《重游东峰宗密禅师精庐》"故山弟子空回首,葱岭还应见宋云"之句为证。然细读此三诗,区别显然。前二诗"僧归寺""禅心""南能""禅师""戴颙""居士""支遁""结社""宋云",所用均为佛家语及佛典,而庭筠《东峰歌》所写之景物、地名则多与道教相关,如"人参蕊""仙菌灵芝"皆道教养生之物,"阳崖"即"阳台",为道士司马承祯习道之所,亦即义山诗"阳台白道细如丝"之"阳台"。同名异指,须仔细联系诗中所写景及用典,方能辨别。有时还须亲自寻访观察。上文提及"蔷薇泣幽素,翠带花钱小",我就连续四年在阳台上观察楼下园中之蔷薇初开时花如小钱之形状,时令均在暮春,因而考定王氏卒于暮春前之结论。或有将此两句解为"蔷薇秋露泫叶,于幽素中饮泣",诗明言"花钱",如何又变成了"叶"?这是为证成王氏亡在秋深之说,改诗以就我了。

  写到这里,读者或许要问:这一系列问题为什么不早发现,早改正,一次性解决呢?连拙作的某位责编也戏称我有"改书癖"。三十年研治李商隐的过程证明,一次性地解决所有问题几乎是不可能的。以驳正冯、张力主的开成九月至会昌元年正月商隐有所谓江乡之游为例,岑仲勉先生亦仅提出会昌元年商隐为韦温、周墀草贺表之事以驳冯、张之说,但并无内证支撑,有破无立,驳其部分而不能驳其全说。我在《李商隐开成末南游江乡说再辨正》一文中虽从《赠刘司户蕡》诗中找到了"骚客后归"这条内证,并联系宣宗初立,牛党旧相同时量移内迁乃至召回朝廷任职等情事,推测刘蕡可能前往拜访昔日座主杨嗣复。但刘蕡当时究竟是什么身份,却苦于缺乏证据,只能用"放还"含糊表述。但刘蕡总不能像孤魂一样在江湘一带游荡吧。"后归",究竟归向何处?

  1990年,终于等来了刘蕡"后归"之地的铁证。陶敏兄在国图发现了刘蕡次子刘琟的墓志拓本,其中明确记载:"烈考讳蕡,皇秘书郎,贬官累迁澧州员外司户。"这一记载,完全证实了刘蕡并未卒于柳州贬所,而是随着牛党旧相量移内迁而由柳州员外司户量移澧州员外司户。商隐与刘蕡相遇之时间,联系哭蕡诗"春雪满黄陵""黄陵别后"之语,当在大中二年春初,地点则在湘江入洞庭湖处之湘阴黄陵。义山奉使江陵回桂林复命途中遇见正前往量移之地澧州的刘蕡,故有此赠诗。得此铁证,方撰《〈李商隐开成末南游江乡说再辨正〉补证》一文。所补之证,即《刘琟墓志》有关刘蕡之记载。前文刊出后,尚有学人怀疑,此文一出,刘蕡量移澧州之事遂再无可怀疑。

  然而,由于刘蕡大中三年秋去世时,商隐《哭刘蕡》诗中有"溢浦书来秋雨翻"之句,《新唐书·裴夷直传》又有"宣宗初内徙,复拜江、华等州刺史"的记载,揆之情理,蕡之讣音既从溢浦发出,则刘蕡可能去江州拜访过裴夷直并客死于此。但这一推断却与《庐山记》之记载"大中三年兴复东林寺,江州刺史崔黯为捐私钱以倡施者"之翔实记载直接矛盾。这要等到《裴夷直墓志》的发现与公布才得以解决,志文序云:"文宗升遐,奸人得志,遂以矫妄陷公。开成五年,出为杭州刺史。寻窜逐南裔,无所不及,十年之间,恬然处顺……洎大中皇帝即位,荡雪冤抑,征于崇山(指辕州),且以潮、循、韶、江四授郡佐。"原来其四次量移内迁,所任皆为州郡之员外司马。自开成五年由中书舍人外放为杭州刺史,至大中三年量移内迁江州员外司马,首尾正好十年。墓志的发现与发布,终于解决了这一公案,并纠正了《新唐书》"江州刺史"之误载。其实澄清这一问题之后,刘蕡是否客死于江州反而不重要了。即便他卒于澧州贬所,澧州、江州之间消息旬日可达,裴夷直亦可驰书告知在长安的商隐。

更重要的问题是,刘蕡究竟是因什么罪名被贬到柳州为员外司户参军的。《新唐书·刘蕡列传》只说"蕡当大和时,宦官始炽,因直言策请夺爵土,复扫除之役,遂罢谴逐",罗衮《请褒赠刘蕡疏》也只说"当大和年对直言策,是时宦官方炽……遂遭退黜(指对策被黜不取),实负冤欺。其后竟陷侵诬,终罢谴逐(指贬柳州员外司户)"。刘蕡虽仅为令狐楚、王质、牛僧孺幕僚,但幕主均"敬之如师友",此次对策被黜,已在朝野引起巨大反响,后又被宦官"侵诬""谴逐",如果不捏造一个莫须有的大罪名,是无法使朝野噤声的。正好上文已涉及杨嗣复、裴夷直二人,我细查了他两人的关系及被贬原因后,方知此次宦官制造的乃是一桩反新君继立的小集团要案。杨嗣复开成三年已为相,太子李永暴卒后,杨阿附杨贤妃,主张立安王溶为皇嗣,另一牛党宰相李珏则拥戴新立太子成美。宦官拥立武宗后,武宗因己之立非杨、李所拥戴,先后贬降杨为吏部尚书、李为太常卿,八月,又贬杨为湖南观察使、李为桂管观察使,甚至欲遣人追杀杨、李,赖李德裕等上疏劝阻始罢。后又更贬杨为潮州司马、李为端州司马。杨虽无反武宗之迹,然其阿附杨贤妃,欲立安王溶洄为事实,武宗之连续贬其往岭外为司马,犹可解释(李之情况类似)。但裴夷直又是如何被牵连进此案的呢?据史载,开成五年正月辛巳,文宗逝世,"敕大行以十四日殡,成服,谏议大夫裴夷直上言期日太远,不听。时仇士良等追怨文宗,凡乐工及内侍得幸于文宗者,诛贬相继,夷直复上言:'陛下……以哀慕为心,速行丧礼,早议大改……'不听"。十一月,裴夷直因未在武宗即位之册牒上署名(据本传及《通鉴》与《通鉴考异》),更被视为反对武宗继立的表现。裴夷直为正直士大夫,他对以仇士良为首之宦官擅立武宗是有看法的,并非杨嗣复之私党。但据《新唐书·李景让传》:"所善苏涤、裴夷直皆为李宗闵、杨嗣复所擢。"宦官抓住这层人事关系,将裴说成杨嗣复的同党,诬其与杨同为反对新君武宗之党,是很容易的。而刘蕡为杨嗣复主礼部进士试时登第之门生,又与裴夷直同幕,三人皆为一代高士,关系密切。宦官抓住他与杨、裴的关系,把他打成反对武宗继立的同党,实则全属捏造(这一点与杨、裴不同)。杨贬潮州在会昌元年三月,裴、刘作为"同党",其贬驩贬柳当在同时。裴在驩州(治今越南荣市,距杭州约万余里)有《献刘蕡书情》(一作《献岁书情》)诗:

  白发添双鬓,空宫又一年。
  音书鸿不到,梦寐兔空悬。
  地远星辰侧,天高雨露偏。

> 圣朝知有感,云海漫相连。

嶲州距刘蕡所贬的柳州近七千里。如果二人不是因同罪被贬,裴可能连刘贬柳之事也不知道。此诗也证明直到会昌三年(据"空宫又一年")刘蕡还在柳州贬所,而非如冯、张所考卒于会昌二年。故大中二年方有"贬官累迁澧州员外司户"之事。

总之,问题是一个一个接着出现的,解决了前一个问题,后一个问题又显现出来,需要用新的材料(甚至是新发现的墓志)去解决。不可能所有问题同时发现,一次性解决。

更典型的例子是诗人对熟典的特殊运用所带来的注释之难。贾谊贬长沙,历来被作为官吏谪贬的代称,二者之间几乎可以画等号。但在义山赠、哭刘蕡诸诗中,贾谊被贬及奉诏还朝这一熟典却具有特殊含义。《赠刘司户蕡》中"汉廷急诏谁先入"也暗用了贾谊被召回朝廷之典,但实际含义却是在遭贬谪的牛党诸旧相中,究竟是谁先被召回朝廷担任要职呢?无论是刘蕡或义山,实际上都把希望寄托在与刘蕡有座主门生之谊,又长期因同罪被远贬多年的杨嗣复身上。而作此诗后一个月,杨也确实被召回朝廷任吏部尚书,不料道经岳阳,染疾一日暴卒,遂使刘蕡借杨入朝辅政,以改善贬官累迁澧州员外司户之处境的希望落空。但作赠诗时两人对杨回朝辅政还是充满希望的。

义山在《哭刘司户蕡》中又说:

> 路有论冤谪,言皆在中兴。

> 空闻迁贾谊，不待相孙弘。

首联指刘蕡对策直斥宦官，所言皆为国家之中兴，故道路之人皆论其冤谪。次联过去一直以为亦指刘蕡（迁指升迁），但与赠蕡诗"汉廷急诏"相对照，哭蕡诗此联当亦指杨奉诏回京任吏部尚书，在途暴卒之事。

问题正出在过去未考虑到贾谊被贬前的身份地位与刘蕡被贬前的身份地位是否相称这一点上。《史记·屈原贾生列传》："(贾谊)年十八，以能诵诗属书闻于郡中……文帝召以为博士，是时贾生年二十余，最为少。每诏令议下，诸老先生不能言，贾生尽为之对……孝文帝说之，超迁，一岁中至太中大夫……诸律令所更定，及列侯悉就国，其说皆自贾生发之。于是天子议以为贾生任公卿之位。"后因周勃、灌婴等元老重臣忌害，被贬为长沙王太傅。后三年余，贾生被召见。文帝曰："吾久不见贾生，自以为过之，今不及也。居顷之，拜贾生为梁怀王太傅。"可见，在贬长沙前，贾生已是文帝的高级顾问。《治安策》《过秦》等极重要的有关内政、外交及巩固政权之根本的论文在召还后亦已撰成。反观刘蕡，在贬柳前，虽已登进士第，却未正式授官；大和二年对直言策，虽名振士林，却被黜不取，直至会昌元年居牛僧孺幕，才获得一个秘书郎的虚衔，与贾谊被贬前后的身份地位何啻相去天壤。即使杨嗣复回到朝廷任吏部尚书乃至位至宰辅，恐亦只能先解除其贬官身份，然后为其安排一个州县属吏职位或让其入朝为实职之秘书郎，绝无可能为其安排更高的职位。至于像公孙弘那样重回朝廷，官至宰相，封平津侯,更是连想望都不可能。因此,所谓"空闻迁贾谊,不待相孙弘"的阐释应是:空自听说将杨嗣复召回朝廷担任要职的消息,不料因其道经岳阳遇疾,一日暴卒而成泡影,更不用说像公孙弘那样重入朝为相封平津侯了,这才符合贾谊、公孙弘和刘蕡间相去悬绝之身份地位。然则《哭刘司户二首》(其二)次句"无谁荐直言"之"无谁"亦当理解为嗣复既卒,朝廷中便再无大臣荐举刘蕡这样的正直敢言之士人了。此诗首联"有美扶皇运,无谁荐直言"亦当与前诗"空闻"一联同一意蕴。这一常典特用的注释,由于惯性思维的误导,前后竟用了三十多年时间,如不是细抠贾传原文,与杨之途中暴卒,刘蕡之身份地位,恐怕还难以辨明。对义山诗版本系统及其异同的分析梳理归纳,我一直未敢轻易进行,直至1997年,在对各种旧本宋抄已相当熟稔的情况下才敢一一比对,将它们归纳成一个大系统之下的四个小系统,并据讳字认定毛氏汲古阁刊本为刊刻年代最早之本。考证之难,非亲历者很难体会其中甘苦。关键仍是一个"细"字。

理论研究是我的短板。但在《李商隐传论》(中州古籍出版社出第三版时改名为《刘学锴讲李商隐》)的体制要求范围内,必须对所有重要问题有所论述,不能回避缺位。出版前,对整个下编结构做了整体设计,除中兴情结、悲剧性格、创作分期、与牛李党争的关系这些必须论述的问题不能回避以外,主要是分题材、体裁、诗之基本特征、影响史、接受史几大板块进行论述,最后两章则带有总结性质。

中兴情结的提出与号称元和中兴的时代密切相关,但这也是一个转瞬即逝的时代。从破淮蔡,河朔、山东藩镇割地效顺的高峰期到穆宗长庆二年河朔复叛(819~822),不过短短四年。这对义山的创作影响是双重的:一是促使他写出了一批以学杜为主、关怀现实政治、抨击窳败军政的政治诗,并创作了一代史诗《行次西郊作一百韵》;二是促使他对唐王朝日趋衰亡的命运也较其他诗人更为关注和忧虑。

对义山的伤感情绪与悲剧性格、心态,虽有专章论述,但实际上在各有关章节中均分别论及。如昔荣今悴的家世、三代寡孤的近世悲剧、家庭成员的遭遇、长辈亲故的早逝(崔戎、令狐楚)、个人爱情的悲剧乃至此后一系列悲剧遭遇(令狐绹之忌恨及王氏的亡故),使他一生都摆脱不了悲剧的氛围、心态。与此同时,又结合具体作品强调义山性格本有刚正不阿、愤世嫉俗、狂傲不羁的一面,但迫于生计,又不能不强颜欢笑、低声下气、乞求垂怜,这对他内心是更痛苦的折磨和扭曲。这种伤感和悲剧性格才是有立体感的。除了在下编第二章的最后,用了一段文字加以形容以外,我还专门撰写了《李商隐与宋玉——兼论中国文学史上的感伤主义传统》一文,指出义山屡以宋玉自况,实际上接受了自宋玉《九辩》开创的感伤主义传统。而义山诗则融时世身世之悲感于"沉博绝丽"之中,贯感伤情调于咏史、咏物、无题等题材体制之内,将宋玉、庾信、杜甫、李贺诸家的感伤质素与华艳文采都加以融合吸收,成为感伤主义传统的集大成者。下探至宋词及清代洪昇《长生殿》、孔尚任《桃花扇》,直至曹雪芹《红楼梦》。《红楼梦》更是一阕悲金悼玉的对整个封建社会的挽歌,曹雪芹便是感伤主义文学的终结者。指出它们对整个封建社会统治流露出浓重感伤情绪,充满了历史与人生的空幻悲凉感,宋玉、李商隐、曹雪芹作为三个阶段的代表,正体现出感伤主义从主要是感伤个人身世遭遇到整个人生再到对整个社会的感伤的大体轨迹。尽管此文的论述比较粗线条,概念的运用也与西方文论有别,但多少有些新意。

  对义山诗的基本特征,前人主要从艺术风格着眼。20世纪80年代初,董乃斌先生提出"主观化"说,认为这是"深潜于其肌理血脉之中,表现在对题材的选择与处理、移情与全面象征,对客观时空的突破与超越等诸多方面"。我赞同此说,因为这确是自李贺到温、李的一贯作风,至义山而至极。我则从义山诗多写自身悲剧性遭遇,并在此基础上深化为人生感慨这一内容意蕴特征入手,认为抒写人生感慨乃是其诗歌创作的基本特征。它既纵贯其整个创作历程,又弥漫渗透于各种题材、体裁的诗歌之中,并着重指出其多为虚泛的情绪性体验,如间阻、迟暮、孤寂、迷惘、幻灭之慨,在表现手段上亦因此不用明白表述的议论直抒,而多取借境(或物)象征,境界因此呈朦胧而多义的特征。此说或可与董说互补。

  义山诗前人多强调其"沉博绝丽"、绮艳浓缛的一面,实则它还有善于表达白描诗境的另一重要方面。此点虽有两位不大知名的诗评家范晞文、吴仰贤指出过,但并未引起绝大多数学人注意。我根据平时反复阅读所积累的印象,采用笨办法分体统计这两种风格类型的分布情况,发现在义山写得较好的诗歌之中,绮艳型与白描型的诗竟大体相当,只是在各种不同体裁中分布不均而已。在对白描型诗作进行具体分析的基础上,又进而论述白描诗境在义山创作中的意义,指出它更能显示义山诗的"深情绵邈""绚中有素"的内在本质。而仅以绮艳浓缛概括义山诗风,实际上是宋代西昆派这一群体性"第一读者"根据他们的偏嗜接受义山诗,误导后世评诗者的结果。

义山诗与词体意脉相通这一问题,缪钺先生在《论李义山诗》中曾提及,但由于在文中属"附论",仅言及"词之特质,在乎取资于精美之事物,而造成要眇之意境。义山之诗(举《灯》为例)已有极近于词者",未及展开详论。我在《李义山诗与唐宋婉约词》中对这一问题作了探讨。一方面从义山与其他中晚唐诗人的比较中说明义山诗较之李贺、元白、杜牧乃至温诗更具词化特征,即题材的细小化、内容的深微化、意境的朦胧化、意象的纤柔化、语言的圆润化,在审美类型上较李贺、温庭筠同类诗更接近于词。但我更注重的是另一方面,义山诗对唐宋婉约词的影响,即其诗的特殊素质,如在绮艳清丽中融入时世之感与人生感慨,且运用的是一种寄兴深微的比兴寄托以及表现感伤情调和创造感伤美、时空跳跃的章法结构。这一切,对唐五代两宋词艺术特色的形成与艺术品位的提高有深远的影响。总之,词既要是词,又要是吸取了诗的质素的词,此点仍尚未有学人注意。其实,义山诗的地位与影响与此分不开。

义山诗与牛李党争的关系,是每个研究者绕不开的论题,自20世纪20年代众多学人集中讨论以来,意见逐渐靠近但并不一致。我在专章探讨这一问题时,采取的是分时段作实事求是论述的方式。不把问题用一句话定性。最后得出的结论是:前期招致有狭隘恩门观念的令狐绹的不满与疑忌。后期（桂幕及以后），牛党全面执政时期，义山应李德裕政治集团的骨干郑亚之辟，担任典章奏的观察支使，不但称扬李德裕为"万古之良相"，对其被贬岭外表现出明显同情；而且，他还在贬郑亚的制书已到桂林的情况下，仍为其草拟上马植、卢言等（他们是直接审理郑亚案的高官）的信，申辩郑亚无罪。在政治上表现出对李德裕政治集团的赞颂和对其被贬逐遭遇的同情，乃至对牛党新贵的不满。简言之，这一时期义山是李德裕政治集团的同情者与追随者。

对义山在党争中暴露出来的人格缺陷，也应作实事求是的分析。如果说迫于生计，一再祈望令狐绹援引，乃至在成都连献两首四十韵倾尽心力的五言长律给唯知宴饮享乐的杜悰，尚可对他给以理解之同情，那么在诗中一再攻击李德裕为恶草当路，谓杜悰不惮与德裕"雷同"，就是他违心诋毁，有失忠厚了。①

在按题材分类的七章中，根据不同情况采用不同写法以突出其特点与成就。政治诗一章主要用横向比较的方法，从广泛性、深刻性、整体性、独特性四个方面进行论述，以典型诗例的分析阐释将上述几方面的特点落到实处。特别强调其反宦官专权、对唐王朝总危机的超前敏感、一代史诗的创造性及对李德裕政治集团被迫害，乃至全军覆没、刘蕡历三朝而客死楚地的政治事件的深刻反映，均显示出其独创性而远超同时代诗人。这种论题，本极易流于不能不写

---

① 关于义山对党争的态度，余恕诚认为，一位关心政治的诗人，虽可能不会跻身于某一政治集团之中，但对一些重大政治问题和事件，不可能没有自己的看法和倾向。此说亦有理。故为尊重其意见，在《李商隐诗选》中悉加保留。

又颇难揭示特点的境地,关键在于熟悉义山政治诗和同时代诗人这类诗的全貌,作切实中肯的分析。既不敷衍,也不拔高。

咏物诗、咏史诗两章,则侧重纵向论述的方式,即将它们放在这一题材的诗的历史发展过程中来考察其主要特色与独特贡献。如咏史诗从三个方面揭示其特点,指出讽时性赋予其咏史诗鲜活的生命灵魂,典型性赋予它丰满充实的血肉肌体,抒情性则赋予它动人的情韵风神,而每一特点中又有横向比较,从而证明义山咏史诗在诗歌发展史上的重要贡献。但求切实,不求新奇惊人之论。咏物诗中主要突出其托物寓怀诗。从《诗经》《楚辞》到建安文学、南朝文学(尤其是南朝宫体诗),以及初唐陈子昂、盛唐杜甫、中唐韩愈的创作,一路叙论,主要目的是引出义山托物寓怀诗的主要特点,从类型化向个性化的转变。具体表现为:内容上借咏物寄慨个人身世境遇、人生感慨、深微意绪,总之寄寓的是非类型化的志,是"这一个"的心绪情怀。艺术上也注重整体神合的高层次象征;离形取神,传神空际;不涉理路,极饶情韵。与咏物诗的正宗理论"不黏不脱""不即不离"虽可能有所不同,但这也正是其托物寓怀诗的独特价值与贡献。

无题诗是义山的独特创造,对它的研讨却众说纷纭。为避免引起不必要的争论,我从严格界定十四首真无题诗入手研究。根据内证、外证、旁证,将它们分为有寄托、无寄托、寄托痕迹处于疑似之间三类,重点则分析第三类中的艺术精品。我认为它们主观上虽未必有意寄托,但郁积于胸、包容深广的普泛性人生感慨,即使在写爱情体验时也自然而然地将自己的人生感慨熔铸其中,成为一种"身世之感,通于性灵,即性灵,即寄托,非二物相比附也"的有神无迹寄托。在分析无题诗特征时,则着重指出其纯情化、纯诗化、深微化、象征化的独创性,认为最好的无题诗即使无寄托,也是最具艺术魅力的真挚爱情诗(如"昨夜星辰昨夜风"一首);反之,如诗艺并不出众,即使有寄托,也非高层次之作(如"何处哀筝随急管"一首)。真正成功的无题诗,必须首先是艺术上成功的爱情诗。不以有无寄托论英雄,而以成功的爱情诗与有神无迹的寄托妙合无垠作为衡量标准,是我的基本评判标准。

比起无题,《锦瑟》的解读更加众说纷纭、莫衷一是。因为无题的表层内容基本上是写失意的爱情,问题集中在有无寄托及寄托的内容上。我在20世纪80年代就写过一篇题为《望帝春心托杜鹃——李商隐〈锦瑟〉赏析》的文章,主要根据诗的首尾两联,以及颔腹两联所用典故和关键字的提示,认为诗的主旨并不晦涩,即听弹瑟、忆华年、情惘然。而中间两联则是听瑟时浮现于脑海的种种图景和对华年情事的惘然联想,而中心不离悲字(瑟声悲)。我将中间二联的境界理解为迷离恍惚,变幻不定;哀怨凄断,如杜鹃泣血;沧海遗珠,悲苦寂寥;蓝田玉烟,缥缈难即。末联是听瑟时对华年追忆的惘然情思。我是主张并一直坚持自伤身世说的,并认为元好问早就用貌似复述的方式揭示了《锦瑟》的主旨,即李商隐这位才人正是要借咏锦瑟来寄托华年身世之悲,他的一腔春心春恨都寄寓在杜鹃泣血般的诗歌中了。但我一开头就声明,"不少异说,实际上是诗歌本身的丰富蕴含和暗示,在不同读者中引起的不同感受与联想",融会各种原可相通、相包或并行的异说,也许可以做到比较接近这首诗的本来面目,而不致阉割其丰富的内涵,对它的艺术特点也会有比较切实的认识。也就是说,我的自伤身世说是一种开放性、包容性的而非排他性的阐释。当然,非排他不等于任意比附穿凿。其前提是《锦瑟》乃有题诗而非无题诗。

为了进一步证明融通诸主要说法的合理性,我又从全面系统梳理自宋至今的《锦瑟》接受史、阐释史入手,写了《从纷歧走向融通——〈锦瑟〉阐释史所显示的客观趋势》一文,归纳出对此诗的五种主要说法,即悼亡说(或怀人说)、咏瑟声之适怨清和说、自伤身世说、自序其诗说、无端说[①]。后二说因学贯中西之钱锺书与大作家王蒙所持,尤为引人注目。从中已不难发现,越到今天,融通众说的趋势越加明显。我认为,五种异说虽貌似互不相干,实际上却是一体连枝、异派同源。这个"源"和"体",就是具有悲剧身世,在政治生活、爱情婚姻生活、友朋交往生活上遭遇过长期不幸的感伤诗人李商隐。他的诗就是上述种种不幸的表现与寄托,由于蕴积既久而深,发而为诗,竟似"无端"而起,连自己也感到迷惘了。从这个意义上说,每一种异说实际上都是同一"源""体"上的"枝"和"派",是由于不同的读者站在不同角度去感受,根据不同的内外证据去理解这首内容虚泛,意境朦胧,表现"无端"的"惘然"之情之结果。但有一点必须明确,诗中有三个不能缺少的要素:奏瑟、听瑟者、听瑟者在听的过程中引起的种种感受或心灵共鸣(而这种心灵

[①] 五种说法中原将令狐青衣说与悼亡说分列,后发现悼亡说实为令狐青衣说的变异,另添影响极大的无端说。

共鸣又是通过用不同典故构成不同境界的画面)。因此它既是写瑟声,又是写诗人与瑟声共振之心声,归根到底,是写诗人所经历的种种人生境界。只有把这三者统一在一起,才能完整地理解这首诗。它实际上与白居易听商妇奏琵琶的各种境界引起自己的心灵共鸣,最后归结为同是天涯沦落人之感慨并无二致,只不过一隐晦、一明显,并多了一个琵琶女自诉身世的情节而已。需要补充的是,王蒙的无端说,虽已最接近融通众说的实际,但情之所起总有端,一生过多伤心事,多端反而似无端。另,融通不可能是无限制的。那些牵强附会,如同拆字猜谜的;穿凿附会,生硬联系时事政治乃至具体人物者;漫天发挥,任意说解者均不在融通范围内,因为它们都脱离了听弹瑟而忆华年这个实际。清人(除徐德泓、陆鸣皋外)最大的失误就在于忽视了中间两联所展现的音乐境界、心灵境界、人生境界。

对忆内与悼亡诗,首先指出它们是有深挚爱情的(不同于亲情),并强调其纯粹抒情与融合自伤身世的特点。女冠诗则指出它对学道求仙的女性追求作为人的正常生活欲望的同情和肯定,摒弃讽刺说。并对《嫦娥》《重过圣女祠》等诗,揭示其"三位一体、境类心通"的特点,既写嫦娥圣女,实喻女冠孤子无侣,而诗人之"高天寂寞心"和贬谪归迟之慨亦寓其中。

对樊南文,一般均注重其"以骈文为诗"的特点,我则专文论述其"以诗为骈文"的另一重要侧面,从诗语、诗情、诗境、诗心诸方面逐层深入其"深情绵邈""绚中有素"的本色和底质。并以《祭小侄女寄寄文》为例,说明传统的隶事用典、俪偶对仗的骈文是可以改造成既具声律对仗之美,又无堆砌丽藻典故之弊的白描佳作的。

李商隐文的编年校注历时五载,几乎全由我独力完成。这对我一系列重要考辨论文乃至理论文章的撰写均至关重要。1984年,林庚先生给我写的信中说:"科研领域的争先,不是站得更高,就是搞得更细,都可以自成局面,但点要比较集中,方易见有成效。一般说来,站得高比较难些且易有风险,搞得细则只要工夫到家,总可成家。从长远看来,科研的一般趋势必是越搞越细,这是无可回避的趋势。"其时《李商隐诗歌集解》已竣工交至中华书局,先生亦知晓此书体例,我想应是对我这个禀赋悟性平常,读书不多,正式起步又晚的学生极有针对性的指引。我之所以未止步于《李商隐诗歌集解》,而是边写论文,边补充李商隐研究资料,汇编成七十万字的书稿,又在恕诚建议下独力完成一百三十万字的《李商隐文编年校注》,都是遵从林师指引"点要集中""下细工夫"的结果。有"李氏三书"及近百篇义山诗鉴赏垫底,《李商隐传论》的总结性专著,乃至《李商隐诗歌接受史》尝试性撰述,就容易得多了。林师的指引与千帆先生的批评必须建立在考证的基础之上的教导成为我一生治学的门径(千帆先生曾戏称我"木讷",大约也看出了我缺乏悟性)。人的生命很短,1975~2004年,除教学、指导研究生外,用三十年专攻李义山,如果不是在长期研治过程中获得一些实实在在的成果和继续坚持的兴趣,我想是不可能下决心用生命作代价下笨功夫的。回顾来路,内心还是感到充实和欣慰的。①

---

① 最后两章带有总结性质,请读者自行阅读指正,不再复述。

2005年,我72岁,总算到了正式退休的年龄,从芜湖迁居北京次子家,做起了家庭炊事员兼爬格子撰写著述的生活。由于赴京前已开始《温庭筠全集校注》的工作,行前将常用书快运至京,故书到京略事整理上架之后,第二天就接着干。对人文科学工作者来说,只要想干,无所谓退休的概念,完全可以退而不休、无缝对接。温诗成就远不如义山,但词的成就与影响却巨大而深远。骈文存量不多,亦自有特色。又有小说《乾䐠子》行世,且有意识超前的佳篇,可以说是晚唐的全能作家。将他的全部文学作品(除《杂纂》《采茶录》两种非文学作品外)汇为一集,详加校注,对认识温氏文学创作的成就,提高其在文学史上的地位,应该是一件有意义的工作。但一开始就遇到了一个大问题,存世的温诗全注本仅一种,疏漏极多,有关他生平行踪的文献资料严重匮乏,连正史中的温氏本传也是误读其诗文而撰写出来的[①],根本不足为据。然前贤之注释成果又不能不照录,故时有边录旧注边加补正的情况。特别是最能反映其四十岁以前生平经历的《书怀百韵》,写得相当晦涩,极易错会。反不如义山诗有众多全注本、选注选评本可供择善而从或从中得到启发。因此撰著的难度反而超越《李商隐诗歌集解》《李商隐文编年校注》。好在经过陈尚君、施蛰存先生的考证,庭筠之生卒年已经考定。陈文对温氏早年事迹又作了初步考证,我自己对其晚年事迹及文章编年、讹误也在注释基础上作了考证与纠正。

---

① 参详《"误读"出来的"正史"——以〈旧唐书·温庭筠传〉为例》,见《刘学锴讲温庭筠》附录及《光明日报》"文学遗产"专刊2023年4月3日第13版。

但诗之注释、系年及文之注释仍困难甚多。如果说,做李之诗文集解、校注多少带有阶段性总结的性质,那么做温之诗文校注却有点筚路蓝缕之感了。后来我做《温庭筠诗词选》,选温诗61首,全用新注,引用典故全为原文,反而省事且准确。但《温庭筠全集校注》的体例是不允许这样做的,那是对前贤的不尊重。除以上二书外,我又写了一本《温庭筠传论》,虽是描述多于研究,但在考证方面也有不少新的发明,有的还事关重大(如温庭筠的出生地为吴中傍太湖、滨松江之地;其子、女的生年及妻亡之年;会昌元年庭筠四十一岁补证;大中八年游河中徐商幕、裴坦在大中十年前裴休仍居相位时已为知制诰、庭筠在襄阳徐商幕为大中十年至十四年冬、咸通二年居荆南萧邺幕、咸通四年在扬州受笞辱事纯属子虚乌有、晚年与段成式之交游始末;《上首座相公启》之对象为白敏中;《答段成式书七首》之作时,大中十三年庭筠始居襄幕之误)等①。对温诗也都作了或详或简的阐释。但在我自己看来,"温氏三书"仍属草创之作,愿在有生之年经过不断修订补充,逐步提高质量。此三书从2003年至2008年,前后只用了六年,与专攻义山三十年相比,用力不足也是重要原因。

  从2008年到2013年,我又撰写了一部编选了650首唐诗的《唐诗选注评鉴》,此书的体例,前言已有较详介绍,是一部以读者为本位、以文学鉴赏为主的选本。以普及为主,兼顾一点提高,不同文

---

① 详参2025年拟出版的《刘学锴讲温庭筠》弁言。对温氏诗词的总体看法及具体作品的阐释,我有不同看法。因我始终认为这是未完成之作,故此处不提。

化水平的读者可根据自己的兴趣和需要进行阅读。书很厚重(指重量不指质量),初版两厚册即达290万字(其中百余篇此前即有或长或短的鉴赏文作基础),改版为十卷本后由于增加了印张插页,字数增至313万字,定价亦不菲,读者购买时不免"犹豫"。感谢众多著名学者的过誉和各位读者的抬爱,此书在2013~2023年,竟连续印行了十一次,勉强算得上长销书中的畅销书了。每次重印前都有不同程度的修订,大的修订不下三次。但愿它能"活"得更长一些。至于像砺锋兄最近在《中华读书报》上对此书的赞誉,我深感愧不敢当,只能视为对年长者的一种尊重。对其他著名学者的过誉,亦复如此。这点自知之明我还是有的。对此书的改正,可以举一个典型的例证。张说《深渡驿》中的"深渡驿",我初以为即今安徽之深渡驿,但此诗前后各篇均为蜀中地名,故又疑为使蜀途中作。后又发现中唐朱长文有一首《宿新安江深渡馆寄郑州王使君》,写景与张说《深渡驿》近似,遂定为指安徽之深渡驿,后据《通鉴》胡注,方知深渡驿在利州绵谷县大、小漫天岭之间,确系张说使蜀所作,但书已发行,只能通过中州古籍出版社微信公众号告知已购读者,并另纸写出更正的文字。至于像耿㧑的生平,在胡可先教授未发布其墓志时,只能据旧说撰写,墓志公布之后,立即进行更正。而像《王维墓志》,据说深埋在建筑物之下,他与其弟的确切生平,便至今仍未有定论(前面所举《裴夷直墓志》的发现与公布亦属此类)。责编谑称我有"改书癖",即因张说《深渡驿》之反复修改而来。

当今研治文学的人当中,真正出身世代书香门第,自幼受过系统的传统文化教育,学殖深厚,后又接受西方文化教育,学贯中西,天资禀赋超群而又勤奋者,如王国维、陈寅恪、钱锺书者,二百年中亦仅三人。即使这样的大师,也各有专攻,并非全能。但不等于说其他热爱古典文学且有志研治者就不能做学问了。实际上绝大多数成果还是由资质、学殖比较平常的人完成的。积土可以成山,这山是由多数常人共同堆积而成的。不过,有一点我认为是凡研治文学的人必备的,即对作品的直观审美感受能力和判断能力。这种能力或来自先天,或来自后天,但有的研究者似乎一辈子都缺乏这种能力。他们的考证研究成果,可以是史学、纯语言学、纯文化学成果,但不是文学研究成果。多年前对"红外线"的批评,至今仍值得参考。有学者提出研究古代文学要处理好四种关系,我很赞同。其实,归根结底,是处理好内外关系,要先内后外。首先得熟读细读作品,对它的精粗高下有基本的审美感受和判断能力,然后才能凭借外部的各种政治、文化知识背景和各种新理论、新方法进行创新性研究。学殖深广者或成大家,浅狭者则成小器(如我),玩弄名词者则归于空无。人的禀赋悟性很难改变,勤虽可补拙,却改变不了器性。在这个问题上必须有自知之明,不要去做自己学力无法完成的大题目,勤奋加细心,或许能留下一点实实在在的成果,给前贤添砖、加瓦、补漏,给后人修桥、铺路、补缺。一篇文章,一部著述,如果三十年后还有学者觉得有用,就差可欣慰了。冯浩的义山诗文详注本尽管有那么多缺陷,却存活了二百多年。三次修订,更值得后人学习。前贤做出的贡献,首先要向他们致敬。

由此联想到国家社科基金的设置与评奖问题。这本是国家对人文社科研究的重视。但它不同于自然科学和高科技,后者如无高投入,根本无法起步,完成时间也不能拖得太长(基础科学除外),但人文社科研究却是慢工出细活,特别是人文科学,主要就是靠脑子、电脑、书籍和时间。我做《李商隐诗歌集解》的七八年时间中,除了从科研处领了六千张大方格稿纸,至南京、北京看书的差旅费可报销外,是没有任何额外资助的。而现在的社科基金项目几乎成了高校的命根。不是以成果论英雄,而是以项目多少论英雄。规定完成的时间短而题目大,粗制滥造在所难免。项目申报审批中一些利益相互交换的弊端,对静心科研的消极影响显而易见。至于评奖,国家教委首次评选的是1979~1994年间的成果,不少成果已经历了时间的考验。后来改为四年一次,有的成果刚出版就获奖,无乃过于匆忙了。建议不妨每年评奖,由开会改为通信评审,由对口专家审阅并给出专业性评语,但每年送审的项目须公开出版六年以上。这或许能避免部分项目的江湖之弊。

写了这些文字,既不像自我介绍,也不像导读。"金句"是没有的。能讲的还是笨人用笨功夫,狭而求细,书不惮改。新、老附录之文既是著述的基础,也是书不惮改的记录。

总之,我撰此文,目的仅在于:对大多数热爱唐诗,而资质禀赋平常,家庭又无传统文化积累的人来说,只要具有一定的审美直觉能力,不嫌生活清苦,认定一个目标,坚持而不放弃,尽力而不拼命。笨人用笨功夫,不高悬力不能及的目标,几十年如一日,不断修订补正,定能做出一些实实在在的成绩。格局小不要紧,只要切实有用。大师级的学者几百年才出三两位,绝大多数工作还得靠普通人来做。而且要舍得花时间精力专攻经典作家、经典作品,不要望而却步。眼界宽、新知多、追求高是好事,但若流连忘返,不回归文学研究,即便被视为史学、文化学成果,恐怕也难以赢得内行人的认可。

承教即改录

043~046

关于《唐诗选注评鉴》的修改例举

一、陈尚君教授在《两种唐诗选》一文中提出,《啰唝曲》,最早的《云溪友议》已说为"当代才子所作",刘选仍署刘采春,似可再酌。重印时即改为"佚名"。

二、莫砺锋教授认为初版选李贺诗选得过多(24首),重印时即删去三首质量稍次者。

三、蒋寅教授指出《除夜宿石头驿》已收入《中兴间气集》,作年当在大历年间。当即在中州古籍出版社微信公众号上作了更正。重印时亦已作了修改。

四、胡可先教授在2018年《文学遗产》第6期刊载了新发现"大历十才子"《耿沣墓志》的论文,也是首次公布了《耿沣墓志》,第二年初即依墓志更正其仕历。

五、顾况名下原选《宫词》一首,后发现原为马逢所作,文字亦小异。考虑到宫词已选数首,故十卷本重印时干脆删去。

六、《深渡驿》五律，原稿对深渡驿地点原有两说（使蜀途中与在新安江上游），后阅《通鉴》胡注，知其确系在古大、小漫天岭之间，位于今四川广元，故重印时已更正。此系古人教我，故亦谓之承教。陈祖言《张说年谱》谓张说于武后天授二年（691）春使蜀，及秋而归。

其他如注释中的补正，不一一列举。有的是读者有疑惑时提出来的。在此一并致谢。

新考

047~082

李商隐"浙水东西,半纪漂泊"再考

　　李商隐《祭裴氏姊文》云:"时先君子以交辟员来,南辕已辕……浙水东西,半纪漂泊。某年方就傅,家难旋臻,躬奉板舆,以引丹旐。"①谓其父李嗣在任获嘉令三年期满时(元和九年九月),应新任浙东观察使孟简之辟,携商隐母及商隐赴浙,以及十岁时父亡奉母归荥阳事。赴浙时商隐年方三岁。又据商隐《上崔华州书》谓自己"五年(岁)读经书,七年弄笔砚",可见其开始读经书,正值在浙东之时。孟简元和十二年正月(月份有不同记载)追赴阙,在越任凡三载,而商隐元和十一年已五岁,其"读经书"之业亦已开始。据戴伟华《唐方镇文职僚佐考》,孟简任浙东观察使的三年中,幕府僚佐有副使王敬仲、观察推官李蟾,以及具体幕职不详的从事陈构、张良祐、陈翱、孟存、郑逈、刘茂孙、谢楚行,而无商隐父李嗣。

---

　　① 本文所引商隐文,均见拙撰《李商隐文编年校注》(中华书局2002年版)。上引数句,见第二册814页。以下引该书,不再一一注明页码,读者可查阅目录所标。

孟简在越,曾撰《建南镇碣记》①,陈构书,时在元和十年七月。《嘉泰会稽志》卷十六记云:"张良祐、孟简等十一人,元和十年三月二十七日祭南镇谒禹庙毕,至寺。"又记云:"(元和十一年四月三日)又题名,二人去年同游,今年不到。""奉使续到刘茂孙。庾肩吾、孟简禹庙诗,谢楚行书。"②唐代封会稽山神为永兴公,故孟简等人有上述活动。叶葱奇《李商隐诗集疏注》附《年谱》云:"父嗣(本传)曾为获嘉令,后就浙中幕辟,得京衔殿中侍御史,卒于浙江……冯(浩)谱云:'嗣为簿尉之流',乃凭臆妄测。"③戴考从之,于元和十二年至长庆元年薛戎任浙东观察使期间书李嗣为幕僚,谓"李嗣从事浙东约元和末至长庆元年卒时"④,"元和末"未书具体年份,如指元和十五年,则首尾仅两年,显然与"浙水东西,半纪漂泊"之语不合。戴《考》之所以未在孟简任浙东观察使期间书李嗣为幕僚,当是由于在现存文献中找不到李嗣在越之直接证据。但从《祭裴氏姊文》中完全可以证实元和九年九月应孟简辟为浙东幕僚事。张采田《玉谿生年谱会笺》对"浙水东西,半纪漂泊"提出了自己的解释,谓义山之父当于是年(指元和十二年)孟简府罢,由浙至润,赴浙西观察使李翛之辟。⑤张氏之意,盖谓"浙水东西"分指浙东、浙西,属于对

---

① 孟简《建南镇碣记》,见《全唐文》卷六百一十六。碑碣于元和十年十月十日建成。上海古籍出版社1990年影印本。
② 以上均见戴《考》,天津古籍出版社1994年版。
③ 见该书下册793页,人民文学出版社1998年版。
④ 见戴《考》418页。
⑤ 见该书14页,上海古籍出版社1983年版。

文字之理解,非有实际文献依据。且李翛于元和十四年三月即卒于任。如从元和九年九月李嗣赴浙东辟算起,至此方六个年头,勉强可算"半纪",实际居留时间恐尚不足六整年,也许还得再加上接任浙西观察使窦易直在任的初期时间。

  我对冯、张、叶诸说先前的态度与做法是既兼采其合理成分,又表明自己的倾向性看法。《刘学锴讲李商隐》(实即《李商隐传论》之第三版)上编第三章《幼年与少年》中引述张说后,即明确指出:"对'浙水东西'也可以有另一种理解,即泛称浙东观察使所辖地区越、睦、衢、婺、台、明、处、温八州,其中婺、睦、衢三州均地跨浙水东西。如果这样理解,则李嗣是先在孟简、后在薛戎任上担任了两任浙东观察使的幕僚。这种在一地连任幕僚的情况并不少见。薛戎长庆元年九月因病去官,十月卒。李嗣如连任浙东幕僚,其卒当在此前。不过,'浙水东西,半纪漂泊',其中'漂泊'一词,例有行踪不定,居无定所,或职业、生活不固定,东奔西走之义,故仍以先在浙东、继又在浙西作幕的解释比较符合'漂泊'一词的原意……元和十四年三月,李翛卒于任,继任者为窦易直,元和十四年五月任命。李嗣当在窦易直幕又担任了两年幕僚。根据《祭裴氏姊文》'浙水东西,半纪漂泊。某年方就傅,家难旋臻'之文,李嗣当于穆宗长庆元年商隐十岁时卒于浙西幕。"[①]之所以详引拙著,主要是为了说明,在诸说之中,我实际上倾向于李嗣在浙东连为孟简、薛戎幕僚说。因为它最直截了当,且多实例。而后一种说法,即李嗣先在浙

[①] 见该书30~31页,中州古籍出版社2023年版。

东,继又在浙西作幕的解释,则纯属对词意的不同理解,并无实际例证支撑,李俦卒后又入窦易直幕,更属为了凑够年数(自元和七年义山出生,至穆宗长庆元年共十年,正合"年方就傅"之时)而不得不延至窦幕,较入李俦幕尤为勉强。实际上"年方就傅"之语也是一个活泛的说法,可以理解为正好十岁,也可以理解为接近十岁。且薛戎于长庆元年九月即因病去官,李嗣如于同年九月前卒,商隐亦已十岁。两说相较,李嗣在浙东连任孟、薛幕之说显然更为直截妥帖。

真正要说明的问题在于:李嗣既为孟简辟为幕僚,为何前引孟简与诸幕僚的各项活动中均不见其身影呢(以上活动,多出自《嘉泰会稽志》之记载,如李嗣在场,必不会遗漏)?这个问题不解决,明知李嗣应孟简辟为幕僚的戴《考》本着无征不信的原则也只能不书李嗣为孟简幕僚。

有一条材料曾引起过我的注意。冯浩《玉谿生诗集笺注》在《昭郡(一作州)》一诗篇后笺中引杜佑《通典》云:"顷年常见州县有摄官,皆是牧守所自置署,政多苟且,不议久长。始到官已营生计,迎新送故,劳弊极矣。"并云:"唐时州县阙官,幕府得自置署,史传中以幕职摄郡县者颇有之。"并补充了一个实例:如《旧唐书·薛戎传》:"福建观察使柳冕表(戎)为从事,累月转殿中侍御史。会泉州阙刺史,冕署戎权领州事。"①(撰者按:戎摄泉州事在贞元十六年至

---

① 见拙撰《李商隐诗歌集解》第二册798页引冯浩笺,中华书局2004年增订重排版。

永贞元年,即800~805年)既然早已有地方长官(观察使、节度使)自行署置州县官吏之事,孟简任浙东观察使期间又不见李嗣参加题碣、游禹庙、赋诗等活动,那么有没有可能他被安置到下属某州县任官了呢?此推想虽合乎情理,却苦乏证据。

感谢故乡现任梁海刚县长赠我一本《读诗小札》(未刊本),其中一篇题为《惺惺有磐石,应记主人公》的文章提到一段记载:

> 谢伋(南宋初人)居住的灵石寺,年代颇为久远。据明万历《黄岩县志》记载:"孙恩屯兵其处,忽有飞石击之退,遂改名灵石。有智颉翻经台[撰者按:智颉(538~597),陈、隋间僧人。天台宗四祖,实为创始人,世称天台大师。陈太建七年(575)入天台山建草庵。隋开皇中,智颉草创国清寺未成而去世,大业元年(605)赐额国清寺。故黄岩灵石寺有其翻经台]、唐李义山著书堂……"今日此处立有一碑,上书"唐李义山读书处",应是更为准确。

这是梁县长在黄岩任职时亲历其寺所见。万历《黄岩县志》的原文如下:

> 灵石寺,在县西五十里,晋隆安二年建,旧传有诵仁王经而甘露降,遂名露山。后以寇孙恩屯兵其处,有飞石击之,退。遂改名灵石。有智颉翻经台,唐李义山著书堂,又有飞来石……一钟颇巨,云自海门浮至,镌"西度钟"三字。

两相对照,可见梁文所述确系亲历所见(他是历史文化散文作家,在《十月》上有长文发表)。从李商隐晚年在东川柳幕期间所作《上河东公启》自称"兼自早岁,志在玄门(此指佛教)",《上河东公第二启》中又说"伏以《妙法莲花经》者,诸经中王,最尊最胜,始自童幼,常所护持",并自出财俸,创石壁五间,金字勒《妙法莲华经》七卷(系佛教天台宗最重要之经典)的举动来看,他所信奉的是佛教中的天台宗。这与他幼年时即在灵石寺读书、著文,受到天台宗创始人智𫖮的影响应有密切关系。从商隐《上崔华州书》一开头就自称"五年(岁)读经书,七年弄笔砚"来看,他在灵石寺读经期间,可能除儒家经典外,还曾寓目佛家经典。他在《上崔华州书》中所着重表达的思想是:"夫所谓道,岂古所谓周公、孔子者独能邪?盖愚与周、孔俱身之耳……百经万书,异品殊流,又岂能意分出其下哉!"其中表达的思想,和天台宗强调一切众生皆能成佛的主张声息相通。对此,钱锺书《管锥编》第四册1331~1333页(中华书局1979年版)有长篇阐论。总之,义山一生与佛教结缘甚深,在黄岩灵石寺读书应是他的重要起点。他所结交的僧人,如程修己、知玄、澈师(僧彻)都为天台宗僧人。可见其幼年在黄岩灵石寺读经书、试笔砚对他信奉天台宗的深远影响。

义山"五年读经书,七年弄笔砚",既均在孟简、薛戎两任相接的浙东观察使任内,其父李嗣之卒亦当在长庆元年九月薛戎因疾病去官稍前,义山父李嗣及妻、子未尝至浙西李翛幕遂可肯定。此其一。或有怀疑"唐李义山著书堂"之著书二字者,以为七岁之幼童谈不上著书。实则此"著书"即指"七年弄笔砚",是读过某一儒经后撰写的心得体会文章,而非后世著书立说之谓。唐代以孔颖达注疏之《五经正义》为士子必读之法定教科书,开篇即《尚书正义》的《尧典》《舜典》,首先叙赞的就是尧逊位让于虞舜,不传位给自己的儿子的禅让美德。现存李商隐古文中的两篇短文《断非圣人事》《让非贤人事》,开篇即谓"尧去子、舜亦去子,周公去弟,后世人以为能断,此绝不知圣人事者""世以为能让其国、能让其天下者为贤,此绝不知贤人事者",而给出之理由更为识见高远,认为尧、舜禅让去子,是使"家国天下后世,皆蒙利去害",伊尹、太公望佐汤、武,是"不苟取",亦是当仁不让。这两篇短文,绝像是义山"七年弄笔砚"时撰写的读经札记。唐人思想比较自由开放,但幼年义山能写出如此富于民主性的文章(尽管行文尚较稚嫩),谓之为"著书",完全符合实际。此其二。特别需要指出的是,从义山在世(812~858)直至冯浩《玉谿生诗集笺注》〔乾隆四十三年(1778)重刻本〕问世,九百多年中,从未有人提及义山幼年曾在黄岩灵石寺读书之事,万历《黄岩县志》绝不可能凭空捏造出这一行迹,其可信度极高,其定有确实依据,无可怀疑。此其三。"唐李义山读书处"之碑,倒像是见到冯浩注本后立的。

现在,必须回到一开头就提到的为什么义山幼年即在黄岩灵石寺读书的问题。根据前引《通典》有关"州县有摄官,皆是牧守所自置署"之记载,以及薛戎为福建观察使柳冕表为从事,因泉州阙刺史,被任命为泉州刺史之实例(此类实例当习见,故《通典》方有上述记载),可以推想:李嗣随孟简刚到越州不久,孟简就发现下属的台州黄岩县阙官,遂任命李嗣至黄岩当县令(因此前嗣已任获嘉令),因义山当时年方三岁或刚四岁,不可能离开父母独立生活,李嗣当是挈妻儿前往,并一直在黄岩任职直至长庆元年九月之前去世。故有义山在黄岩灵石寺读书著文之事。可惜唐代尚处于前印刷时代，主要靠传抄手写或口耳相传，故万历《黄岩县志》"宦迹"等卷未见李嗣姓名，全书仅出现郭昭文、李公亮等数人。二人时代虽与义山父李嗣相近，但无法考明他们与李嗣的交往过从。故李嗣曾为黄岩县令并挈家同住还只是一种合理推想，而缺乏文献记载的实际依据。但无论如何，义山"五年读经书，七年弄笔砚"之事是在元和十一年至十三年在黄岩灵石寺读书著文时发生的。有"唐李义山著书堂"石碑为证，明代修《黄岩县志》者不可能凭空捏造出这样一块碑来，应是此前已有此碑，万历年间尚存。

考明义山幼年这一行迹，本身也许是小事。但由此涉及的他对佛教天台宗长期信仰的渊源，乃至他的道非周孔所独能，盖已与周孔俱身之的融通儒释的思想，乃至"试笔砚"之作中表现出来的高远识见、富于民主性的精神，却对我们了解义山的全人（包括思想、个性等为研究者较少注意的另一方面）有不可忽视的作用。从这方面看，可说是小中见大。因而不嫌琐碎，撰此小题大做之文，读者谅之，并敬请指正。①

---

① 《上崔华州书》中"始闻长老言，学道必求古，为文必有师法，常恧恧不快"，初以为此长老或指其从叔李某，现在看来，指灵石寺中教导义山的住持高僧似更切当。其从叔李某虽擅古文，不作近体，但系义山长辈兼教师，义山不会说"常恧恧不快"这样的话。

温庭筠、段成式晚年经历交游考

从大中十年到咸通四年（856～863），温庭筠、段成式有长达近七年（按古代纪年习惯则为八年）交集分合的经历，其中尤以段成式任江州刺史的时间为关键。它涉及庭筠何时贬隋县尉、入襄阳徐商幕为巡官，与成式交往唱酬的时间地点，二人同在荆南萧邺幕的时间及先后离荆返京的时间，甚至涉及两《唐书·温庭筠传》均明确记载的庭筠咸通中失意归江东，路由广陵，因不刺谒令狐绹，又狂游狭邪，乞索扬子院，为虞候所击，自至长安，致书公卿雪冤之事是否存在的大问题。其中有些问题（如庭筠贬隋县尉、入襄阳幕的时间，咸通改元徐商归京后入荆南萧邺幕的新考，扬州被辱一事并不存在），笔者已在《温庭筠文笺证暨庭筠晚年事迹考辨》、《温庭筠传论》、《温庭筠全集校注》附录《温庭筠系年》等著述中作了考证，本文从略。

考温氏何时被贬隋县尉者，主要依据《东观奏记》卷下一段叙事含混不清的记载。这段记载先引裴坦贬制，但未书年月。其被贬时间给人造成很大困惑(从大中九年最后一次应试,搅扰场屋,到大中十三年温、段唱酬于襄阳幕均有可能),继忽插入"与商隐齐名,时号温、李",又引纪唐夫叹庭筠之冤贬,作诗以赠,而此诗明为咸通七年冬庭筠贬方城尉时所作,纯属张冠李戴。继又突入"前一年,商隐以盐铁推官死"及商隐简历。这就给人造成温贬隋县尉迟至大中十三年的明确印象,以致《唐五代文学编年史》也据此将温之贬隋县尉定在大中十三年。其实这个结论是经不起推敲的。为解决已有的错失,首先必须大致考出段成式任江州刺史的上下限。据《唐语林》卷二:"段郎中成式……连典江南数郡,皆有名山:九江匡庐、缙云烂柯、庐陵麻姑。前进士许棠寄诗云:'十年三领郡,领郡管仙山。'"其任吉州(即庐陵郡)刺史,在大中二至七年,见段所作《寺塔记》。大中九年至十一年,段任处州(即缙云)刺史,有贯休诗《上缙云段使君》"缙云三载得宣尼"为证。但大中十一年底,成式已退居襄阳岘山,因大中十二年上元节(正月十五),成式即已与温庭皓、韦蟾同赋《观山灯献徐(商)尚书三首并序》,序中明言"尚书东莞公(笔者按:指徐商)镇襄之三年"可证。其时温已贬隋县尉,旋为徐商调至幕下任巡官,温、段二人即已有了交往的条件。实际上,现存温、段诗文中就可能有此类作品(如《烧歌》及游襄阳近地等作),不必都等到大中十三年。至于段何时始任江州刺史,《旧唐书·段成式传》只笼统地说:"咸通初,出为江州刺史。"此记载如指咸通改元后段方到任江州刺史,显误。因为据《庐山记》卷五《东林寺齐朗和尚碑阴题名》:"检校司封郎中、守江州刺史裴(行)讽,大中十四年四月八日挈累同游。"《舆地碑纪目》卷二《江州碑记》有唐江州刺史裴行讽作记,注云:"在齐朗碑阴。"继裴任江州刺史者,即段成式(均据郁贤皓《唐刺史考全编》)。可见,最早大中十四年五六月,段已可能离襄阳任江州刺史,此时离咸通改元(大中十四年十一月丁丑)尚有半年左右,故《旧唐书·段成式传》中"咸通初,出为江州刺史"的记载是不正确的。此点还可从段任江州刺史不久,温、段之间的书信往来中得到确证。段成式《与温庭筠云蓝纸绝句并序》云:"一日辱飞卿九寸小纸,两行亲书,云要彩笺十番,录少诗稿……予在九江,出意造云蓝纸……辄分五十枚,并绝句一首。……(诗云)'三十六鳞充使时,数番犹得裹相思。待将袍袄重抄了,尽写襄阳播柘词(一作掘柘词。按:当作屈柘词)。'"此信及绝句证明:段在江州刺史任上,因温要彩笺之请,出意造云蓝纸五十枚,寄仍在襄幕之庭筠,供其录诗之用。写此信的时间,定在大中十四年十一月丁丑咸通改元之前,庭筠亦未离襄阳赴荆南萧邺幕时。而其离江州刺史任的时间下限则在咸通二年(861)秋。《唐文拾遗》卷三十二卢知猷《卢鸿草堂图后跋》云:"咸通初,余为荆州从事,与柯古(段成式字)同在兰陵公(萧邺)幕下。"萧邺大中十三年十一月戊午已被任命为荆南节度使,原荆南节度使白敏中则于十二月离任还京。大中十四年十一月之前因徐商被内征,温庭筠行将离幕,曾致书白敏中(即《上首座相公启》),告以已离襄阳幕后"将卜良期,行当杪岁",可能白敏中曾向萧邺推荐(温早在大中六年即上书萧邺,写有"一枝何日得相容",希望得到提携),故庭筠得以于岁杪赴荆南萧邺幕。咸通二年初春当已在荆幕。其为萧邺荆幕从事,前此诸家皆失考,实则《上令狐相公启》与《谢纥干相公启》

("相公"二字有误)可为确证。(以上考证详拙撰《温庭筠全集校注》《温庭筠传论》及《温庭筠文笺证暨庭筠晚年事迹考辨》,不赘述。)而段成式到萧幕的时间最迟当在咸通二年秋,温有《答段柯古赠葫芦管笔状》,其中有"庭筠累日来洛水寒疝,荆州夜嗽"之语可为的证。总之,段任江州刺史的时间,上限为大中十四年五六月,下限为咸通二年秋,时间不过一年左右。那么,温、段二人同在荆幕的时间又有多长,是什么时候离开荆幕的呢?据《唐大诏令集》卷五十《夏侯孜平章事制》,咸通二年七月,剑南节度使夏侯孜被内征为相,继任者为萧邺。而咸通三年二月,萧邺已在益州,卢知猷作为幕府从事亦同往(据两《唐书·卢简能传》,其子知猷,萧邺镇江陵、成都,为两府记室),因此,萧邺在江陵接到调任西川的任命后,段、温二人皆可离幕。但温庭筠有《和段少常柯古》诗云:"称觞惭座客,怀刺即门人。素尚宁知贵,清谈不厌贫。野梅江上晚,堤柳雨中春。未报淮南诏,何劳问白蘋?"此诗当作于咸通三年春,梅花一般开于严冬早春,此言"野梅江上晚,堤柳雨中春",当已仲春。其时段已回京任太常少卿,可证段在荆幕时间很短,约咸通二年冬初即已返京,任太常少卿,并有诗寄温,温寄诗以和,而温之所以仍留荆州未归,乃因继萧邺任荆南节度使者是旧知裴休。上诗尾联透露出,裴休可能招温入幕,而温因思家(长安鄠郊)念切,尚在犹豫,故说我尚未回告裴休自己是否应招,又如何能返京与你相聚,以慰相思呢?("淮南诏"借淮南王招宾客指裴休招其入幕,"白蘋"用柳恽《江南曲》,意在问"故人何不返"。)大约此后不久,庭筠终于下定决心,回到长安了。故有咸通三年秋初《和太常段少卿东都修行里有嘉莲》之作。次年六月,段即卒于长安。以上即段、温二人晚年交游及经历之大概。由此出发,下列三大问题即可得出比较信实之考证结论。

一、温庭筠大中十三年始贬隋县尉及入徐商襄阳幕之说不可信

先对庭筠在襄阳幕之时间作大体估算。关于庭筠贬隋县尉的时间,旧有大中十三年、大中十年两说,笔者主后说。颇疑《商山早行》系此次贬途所作。因此次之贬乃以未登第授官为贬,目的主要是将温调出长安,以免他继续"搅扰场屋",故裴坦草贬制,"忸怩含毫久之"时,老吏谓:"入策进士,与望州长、马一齐资"(《唐摭言》卷十一),意即温虽外贬隋县尉,论资格跟二等州的官长类似。此即以任官代贬屡试进士未登第者,史上罕见。故庭筠此诗除思长安鄠郊外,情绪并不悲苦。约暮春抵达隋县,徐商为照顾他,将他调至幕府为巡官,与其弟庭皓相聚,其时当已入夏。假如大中十三年始贬襄阳,自此时(指大中十三年)至大中十四年冬暮离襄阳,总计最多一年半时间。

问题是,若明了温氏在襄阳幕中的丰富活动,必然会察觉到这一年半的时间实在显得局促。按,在襄阳幕期间,庭筠的主要活动除偶或担负巡官的幕职工作外(今天虽未留下文字记载,但不等于没有这方面的实际工作),大量的时间用以自己写作诗文,与幕主、其他幕僚诗文酬唱、书信往来,参加各种游戏活动乃至与

乐妓的宴饯戏谑,以及在襄阳近境游览等。还有一项比较特殊的经历,就是与乐妓柔卿从相识到相恋,到正式结合,直至柔卿解籍相从。今人所辑的约七十篇《汉上题襟集》佚文(其中有一部分系荆南幕作,文献出处亦未注明出自《汉上题襟集》,当是今之学者因未考知段、温均有此经历而误收),基本上反映了上述活动与经历。但《汉上题襟集》共有十卷,今之所辑者仅约一卷之数,原书之篇数当有六七百篇。如此大篇幅的众人创作的总集,在最长不过一年半的时间内,恐很难写作出来。再如温与乐妓柔卿之交往,如属一般幕中文士与乐妓逢场作戏的活动,自然可以短期烟消云散,但这次却是双方均有真情付出,包括从相识、相知、相恋到郑重结合,再到乐妓脱籍而从,其中相恋一段尤为不易。没有长期交往是不大可能的。而如从大中十年夏算起(亦即庭筠实际贬隋县尉并随即被徐商招入襄幕的时间),上述两大问题就不存在任何可疑之处了。

二、庭筠咸通三(或四)年从荆州东归吴中旧乡,路由广陵,受辱,亲至京师谒公卿诉冤的史籍记载,根本不足信

此事已作专题考论(指《"误读"出来的"正史"——以〈旧唐书·温庭筠传〉为例》一文,见《光明日报》2023年4月3日"文学遗产"专刊,发表时文题为《诗文误读与传主正史——以〈旧唐书·温庭筠传〉为例》,现改从原题),兹略作补充。

两《唐书·温庭筠传》所载此事,全因误读《东归有怀》及《上裴相公启》所致。启云："既而羁齿侯门,旅游淮上,投书自达,怀刺求知。岂期杜挚相倾,臧仓见嫉。守土者以忘情积恶,当权者以承意中伤,直视孤危,横相陵阻。绝飞驰之路,塞饮啄之涂。射血有冤,叫天无路。此乃通人见愍,多士具闻。徒共兴嗟,靡能昭雪。"这一大段明为大和末旅游淮上,受小人相倾嫉妒及守土者(地方长官)、当权者(宰相)中伤之旧冤,而非子虚乌有之近事。亲至长安遍谒公卿,言为吏所染,更属错上加错。言失意归江东,尤属臆想。会昌元年(841)秋,庭筠为避祸而由长安返吴中旧乡时,已是"旧业荒凉",会昌三年返长安后,一直居于鄠郊,再未回吴中。二十年之后,所谓吴中旧乡,恐早已无人居住,草径苔荒,难以寻觅遗迹了。这是由于误读《东归有怀》等诗所致。古之史家、今之学者都被误导了。其实,无论是在襄阳幕还是在荆州幕,庭筠念兹在兹的故乡都不是吴中旧乡,而是从大和末年起一直居住的长安鄠郊别墅。《商山早行》首联提出"客行悲故乡",尾联回应开篇,写昨夜梦见鄠郊别墅"凫雁满回塘"之景象。无独有偶,在荆幕写的另一首思归之作《渚宫晚春寄秦地友人》也说:"风华已眇然,独立思江天。凫雁野塘水,牛羊春草烟。秦原晓重叠,灞浪夜潺湲。今日思归客,愁容在镜悬。"可见"凫雁满回塘"正是他日夜思念的第二故乡鄠郊别墅的标志性景物,这也正是《书怀百韵》中写到所居鄠郊别墅景物时所谓"跃鱼翻藻荇,愁鹭睡葭芦。暝渚藏鸂鶒,幽屏卧鹧鸪",因别墅有许多大小不一的池塘之故。

三、假设庭筠有所谓东归吴中之游，与作《和太常段少卿东都修行里有嘉莲》诗在时间上有无冲突的问题

庭筠《和段少常柯古》有"野梅江上晚"之句，证明咸通三年仲春他仍在荆州，其后还可能在裴休幕又住了一段时间。但最迟在三年夏，已回到长安，因而在秋初方有和段嘉莲之作。从和诗看，似庭筠亲见此并蒂莲，则还须自京至洛，故归京时间则更早。而如果是年秋回江东（学者多据《东归有怀》证之），则早已错过秋初至洛阳见嘉莲。如路由广陵，加上扬子院受辱事，恐已至秋末冬初。段也不可能千里迢迢，寄诗给在扬州受辱之庭筠（消息不可能立即传至长安）。至于论者或谓咸通四年温东归吴中旧乡，则是年六月成式已卒，更无可能在嘉莲已开一年后作此和诗了。总之，考明段氏任江州刺史的时间上下限，可以进一步考明庭筠的一系列经历和诗文系年、阐释问题。故作此补充考证。

［本文原载于《安徽师范大学学报（人文社会科学版）》2023年第3期］

说"脸"——以温庭筠词为例

首先要说明,我的文字学功底很浅,这篇小文绝非从文字学角度探讨"脸"字的音义,而是在阅读、注解温词的过程中遇到了障碍,因而试图对这个绕不过去的问题罗列字例及有关材料,作一些辨析。

先按温词分调次序罗列有"脸"字的例子:

①明镜照新妆,鬓轻双脸长。(《菩萨蛮》其七)又《归国遥》之二亦有"双脸",义同。

②翠钿金压脸,寂寞香闺掩。(《菩萨蛮》其八)

③无言匀睡脸,枕上屏山掩。(《菩萨蛮》其十一)

④脸上金霞细,眉间翠钿深。(《南歌子》其四)

⑤芙蓉凋嫩脸,杨柳堕新眉。(《玉蝴蝶》)

"脸"字的现代含义,是指面孔(头的前部从上额到下巴),即整个面庞。温词例③之"无言匀睡脸"当即此义,盖女主人公午睡醒来之后因脂粉模糊,匀拭脸面稍事补妆之谓。例⑤中之"芙蓉嫩脸",即白居易《长恨歌》"芙蓉如面",亦指整个脸面。可见"脸"指整个脸面的义项一直延续到今天,成为现代汉语"脸"字的主要义项。但温词①②④三例,却明显非今所谓"脸"之义。例①之"双脸",如果指整个脸庞,是违反现代普通人常识的:人只有一张脸,何来"双脸"人?不问可知此"双脸"之"脸"必别有义。例②"翠钿金压脸"之"脸"亦明显非指整个脸面,"压"有临近、紧贴之义,"金压脸"如指整个脸面,则近乎古装戏之魁星面、金面了,其别有义亦极明显。例④之"脸上金霞细"之"脸",如指整个脸面,则满脸密布金红色之细纹,殆难以想象。故①②④三例均非整个脸面之"脸",可确定无疑。

　　这就涉及"脸"字的另两个义项。其中一个指脸颊,作为双音词今人耳熟能详,单出"脸"字,则易滋误会。另一义项则实指"睑",即眼皮,音 jiǎn,《新华字典》①573页画有人的眼睛图,准确地标示出"眼皮"(睑)所在的位置,读者可自行参看。由于此义项不仅与"脸"之现代主要常用义大异,读音又与 liǎn 完全不同,故不但一般读者茫然不觉,连注家亦每有所忽略而误注或失注。"脸"字的另一义项为脸颊,即脸的两侧。用双音词表达,自然不会误解,但古代诗词中常用单音词表述,则亦易滋生疑惑或误解。前文戏言人只有一张脸,何来双脸人,即将"整个脸面"与"两边面颊"相混之故。朱骏声《说文通训定声》云:"颊,面傍也。"面傍即今之所谓脸

---

① 该书系商务印书馆2012年版。

颊。①这种因单音词之多义与双音词之单义引起的误读误注，实际上也很常见。

"脸"为"眼睑"之"睑"，《说文新附》还有一段解释：

睑，目上下睑也，从目，佥声。

徐灏注笺：

《一切经音义》引《字略》云："眼外皮也。"《玉篇》目部："睑，眼睑也。"《北史·姚僧垣传》："帝亲临东讨，至河阴遇疾，口不能言；睑重覆目，不得视。"此正可证"脸"字古义之一为"睑"，而"睑"则为眼皮，即眼睛上下之弧状皮。梁武帝《代苏属国妇诗》："脸下泪如丝。"白居易《吴宫词》："半露胸如雪，斜回脸似波。"韦庄《汉州诗》："临歧无限脸波横。"以上诸例，"脸"即为眼睑之义。如"脸"指脸颊或面庞，如丝之泪将滴下衣襟，何由得见？唯其在眼睑之下外溢，方可见其"泪如丝"。

现在，我们可进而联系例①②④之上下文来解释其中"脸"字的确切含义。

先说例①。此首上片为："凤凰相对盘金缕，牡丹一夜经微雨。明镜照新妆，鬓轻双脸长。"（下片与"双脸"之释义无关，从略）写女子晨起身穿绣有一对凤凰图案之金缕衣，鬓边插着新摘的带着雨露的牡丹花，明亮的镜子映照着自己的新妆。由于是对镜簪花梳妆，人是坐着的，自非映照全身。故"鬓轻双脸长"自指头面部。"鬓轻"形容鬓发薄如蝉翼，即所谓"蝉鬓"，而与鬓发最靠近的部位无

---

① 见该书497页，黄山书社1997年影印本。

疑是面颊，亦即所谓"双鬟隔香红"之"香红"，"鬓云欲度香腮雪"之"香腮雪"（腮通常指面颊之下半部，但亦可泛指整个面颊，如"鬓云欲度香腮雪"，散乱之鬓丝不可能仅掩腮部而间亦有度于其上颊者）。尤可注意者，此首明言"双脸长"，指女子两边的面颊极为明显。

再说例②"翠钿金压脸"。此句与本篇上下文关系不大，关键在"翠钿"、"金"字、"压"字。翠钿，有两义，一为用翠玉制成之首饰，梁武帝《西洲曲》："树下即门前，门中露翠钿。"贺铸《菩萨蛮》："帘下小凭肩，与人双翠钿。"二为翠靥。温庭筠《南歌子》（其四）："脸上金霞细，眉间翠钿深。"晏殊《采桑子》："试摘婵娟，贴向眉心学翠钿。"此首之"翠钿"指翠靥，系翠绿色之花钿贴向眉心者，非首饰，乃眉妆。"金"状其色黄，"压"状其紧贴。然则，此句末字之"脸"不问可知非指脸颊，而系指眉饰所施及之眼睑。所谓"金压脸（睑）""脸（睑）上金霞细"，疑即指额黄妆。六朝妇女施于额上之黄色涂饰。李商隐《失题》之一："寿阳公主嫁时妆，八字宫眉捧额黄。"此额黄妆虽点黄粉于眉心，但渐次涂匀至眉之下方两眼睑处，故庭筠《菩萨蛮》（其三）有"蕊黄无限当山额"之句，山指眉山，句意谓额黄妆之颜色由深而渐浅。无限者，言其界限模糊。《南歌子》（其四）之"脸上金霞细，眉间翠钿深"，"脸""眉"并提，亦显见此"脸"即指眼睑，而非双颊或整个脸面，而"金霞细"则状眉妆之黄粉细小，即"额黄无限"，由深至浅之另一种描述。

至此，除例①之"双脸"指女子两边之面颊，例③之"匀睡脸"指整个脸庞，例⑤之"芙蓉凋嫩脸"亦同指以外，例②之"翠钿金压脸"、例④之"脸上金霞细"之"脸"均为眼睑之义,与整个面庞或双颊之义无关。五例中有三种不同意义,如不仔细辨析,误解的概率是很高的,特别是"脸"为"眼睑"之义,最易引起误解。

与此密切相关,唐代诗词中还经常出现"脸波"一词。白居易《吴宫词》之"半露胸如雪,斜回脸似波",韦庄《汉州诗》之"临歧无限脸波横",前已引述,白诗于"脸""波"之间插一"似"字,看似与"脸波"不同,却更说明此"脸"既非指脸颊,更非指整个面庞,否则将成满脸或双颊布满皱纹之老妪了。他的另一《吴宫辞》"淡红花皴浅檀蛾,睡脸初开似剪波",就干脆将"蛾(眉)"与"脸""波"相对,使读者不致误会此"脸"为脸颊、脸庞,否则如何会"似剪波"呢?眉、眼相对并称,故此"脸"必指眼睑。睑似波,即所谓秋波也。白居易《长恨歌》"回眸一笑百媚生"实亦此意,不过更换为通俗畅达的说法而已。我不会电脑,但随手翻阅,即见张泌之《江城子》有"脸波明,黛眉轻"之对句,汤显祖认为上句应是"眼波明",实则此"脸"即"睑",已由最初专指眼皮引申为眼眸。连敦煌词《凤归云》中也有"岂知红脸,泪滴如珠"之句,此"红脸"非指脸颊、脸庞,而系指"红睑",因伤心而眼睑发红。

由一字多义且有异意进而联想到温词中有看似通俗而无须解释者,实则亦易生误解。举"香玉"一词为例,兹将《归国遥》全首录于下:

香玉,翠凤宝钗垂簏簌,钿筐交胜金粟,越罗春水绿。　　画堂照帘残烛,梦余更漏促。谢娘无限心曲,晓屏山断续。

此首上片写女子面颊、首饰、衣衫。下片写女子晓梦醒来,闻见残烛照帘,更漏急促,画屏曲折,而满腹心事无可诉说。此女子当是歌舞妓人一类人物,"越罗""谢娘"均透露其身份,下一首同题材的《归国遥》更明点"舞衣"。不过一则云"越罗春水渌",一则云"藕丝秋色染"而已。诸家对其他各句笺释甚详。张以仁更撰专文详解"小凤战篦金飐艳"(下首第二句)之为头饰(见《花间词论续集》176页)。然对上首开头一句大都无注,大约认为此为常语,无须作注。偶有及之者,亦未见确切。如汤显祖云:"'芙蓉脂腻绿云鬟',故觉钗头玉亦香",认为是女子之香脂云发之香熏染给了头上的玉钗,想象虽新颖,但未必是"香玉"的原意。实则此"香玉"即指女子香而且白之脸颊,乃是最普通不过的借代,即以其香与色指代脸颊,下首《归国遥》开头之"双脸"正好给上首的"香玉"作了确切的注释。所谓"双脸",即两边的脸颊。与"香玉"类似的还有《菩萨蛮》之二的"双鬟隔香红,玉钗头上风",或谓此"香红"指两鬟簪花,香红即花,是亦一胜解。实则此"香红"借指女子香而且红之脸颊似更直截了当。女子之脸颊,白里透红是共同点,此二例则分别强调其红其白,而李贺《南园十三首》(其一)"小白长红越女腮"则兼而有之。白是底色(所谓"越女天下白"),红是年轻女子之专有。

不嫌琐屑,意在求真。方家正之。

许浑与温庭筠异趋浅说——从温李许杜的交往说起

晚唐前期四位著名的作家中,"温李""小李杜"常为评家并提。温、李之间,许、杜之间交往唱酬尤为密切。温、李均工诗擅骈文,温甚至以"弟兄"称李与自己的关系(温年长李十一岁)。李亦以庾信称温,且对温"昔叹谗销骨"之遭遇深表同情,这可能与他们在当时被目为"俱无持操,恃才诡激,为当涂者所薄,名宦不进,坎壈终身"(《旧唐书·李商隐传》)的遭际有关。小李杜为晚唐最杰出的诗人,刘熙载"深情绵邈""雄姿英发"的评语,已分别揭示出两人最主要的风格特征。义山对牧之尤为推重叹服。"刻意伤春复伤别,人间惟有杜司勋",赞杜亦复自道,可谓杜之真知音。杜牧高自标置,现存文献中未见其对义山的回应。许、杜诗歌高下有明显差别,整体风格亦异,但二人交往唱酬却相当频繁密切,罗时进教授已有专论比较其诗风异同(见《唐诗演进论》第八章,另,该书第七章《许浑诗在晚唐的典型意义》亦主要讨论许诗、诗格和句法及气体风貌)。温、杜之间,虽无唱酬之作,但大中六年(852),温曾上启时任中书舍人之杜牧,将杜比为张华、谢朓,突出其显宦与诗坛领袖身份,盖为七年春参加进士试投献诸显宦之启。四人之中,李许之间、温许之间,则未见任何交往唱酬之迹。但李许之年龄相差二十四岁(许788、李812),几近一世,对义山而言,许无疑是前辈诗人。且义山登第前后,共十二次寄幕,时间长达二十年。其间仅大中二年十月至三年秋这段很短的时间二人同在长安,有交集之可能。但在同一时间,义山热情赞扬牧之,却无一语道及诗名早著之许浑,似不能单以年龄差距来解释,或许有更深层原因(下文将涉及)。至于温、许之间,则年龄只差一纪,完全可称同辈诗人,温在二十五岁之前,家居吴中苏州,会昌元年至三年,亦曾为避祸而东归吴中,后又返回长安。与许浑家居润州,历宦当涂、太平等地距离很近,完全有交集之条件,然两人诗文均无一语道及对方。这篇短文,不打算具体分析评论许、温各自的特点、成就和缺点(温、许诗已各有专书研究或专题论文,温、李诗比较中亦涉及温诗特点),而是主要结合历代对许浑的评论,指出温、许在文学创作上走的是两条不同的路,并简要揭示其"异趋"的原因和实质。不过是从另外一个角度来讨论这个问题。

　　从儒家诗论人品和诗品的关系来考量,许、温两人都是远祖显贵、末绪衰落的文士,都是对功名事业有所追求,对国事乃至百姓疾苦有所关注的作家。但与盛、中唐诗人相比,并不突出。许两为监察御史,或因刚方不阿而贬职,或因不受重视而托病请辞东归,可称得上比较正直的士人。温则生性浪漫,大和末遭亲表笞逐固属"微瑕"(庭筠自称),晚岁与倚仗父绚之势公然招权纳贿的令狐滴游，则显属士行不端之表现。但总体而言，二人品行之区别尚不足影响到诗品之高下。庭筠仍属怀才不遇的文士，咸通七年（866）冤贬方城而死的遭遇尤为悲惨，而令稍后的朝官同情。也就是说，对两人诗格高下之评论应从诗歌本身着眼。

对许浑诗格的或褒或贬，着眼点均在其五七言律（尤其是七律）的对仗上，这一问题，孤立地从对仗本身格调的高低是得不出令人信服的结论的。诗发展到晚唐，律体盛行，对以写诗为世所称的士人来说，对仗的工整是必备的基本功。许浑诗对仗工整者，刘克庄、范晞文、许学夷均加列举，罗时进更集中指出"精致工丽、情辞俱佳"的各种对仗，可谓搜寻已尽。但如果我们将温、李、杜三家诗对仗之工者也一一罗列出来，并大体统计出在他们存世诗中的占比，恐怕均会超越许浑。

对许浑诗在对偶方面的或褒或贬，罗文已详加征引。总体而言，宋元明清四代，贬者明显超过褒者，虽间有作持平之论或回护纠偏之语者，但并不足影响许诗格卑之主流看法。褒之者谓其"诗格清丽""精密俊丽""韵稳律切密丽""声律之熟，无如浑者"。贬之者或讥其"格卑语陋""近世无高格，举俗爱许浑""晚唐许浑诸子，兴趣既少，故虽作聪明，而意多牵合。声韵急切，而调反卑下矣""许浑五七言律格渐卑者，特以情浅而词胜，工巧衬贴而多见斧凿痕耳"。值得注意的是，有的褒语是在褒之前已指出其"诗格卑下"，有的则已触及诗格卑下的原因（情浅）。总之，卑、俗、浅、陋、稚、熟等评语，乃宋代以降对许浑诗格的主流看法。

读许浑律诗，最突出的感受是他几乎把全部精力放在颔、腹二联对仗是否精工的追求上。由于许诗更多七律,而七律对偶精工的难度又远超五律,上述弊病尤显突出。再加上许诗中间两联往往同写景物,而少情景相间交融者,读来便更感到自然意象的重叠堆砌。但最根本的缺陷却是他似乎没有考虑到颔腹两联与诗题及诗的意旨之间的有机联系,中间两联之间的分工与联系,乃至一联之内上下句之间的联系。如《楚江怀古》,起结倒都点出怀古题意,但中间两联:"荒台麋鹿争新草,空苑凫雁占浅莎。吴岫雨来虚槛冷,楚江风急远帆多",颔联多少透露了一点怀古的意味,腹联就与怀古不相干,仅为泛泛的楚江景物描写(虚槛何时无之)。再如其七律名作《凌歊台》,其颔联云:"湘潭云尽暮山出,巴蜀雪消春水来",不仅对仗工整,调响境阔,且一气贯串,单独看可称佳联,但与凌歊台其地及有关人事[宋武帝刘裕于姑孰(今安徽当涂)筑此台,建离宫,并曾校猎姑孰],和题目蕴含的怀古意蕴,可谓毫无关涉,湘潭以下沿江之楼台皆可用,故纪昀讥之为"恶滥。所谓马首之络,处处可用者也"。方回还指出五、六两句"有基""无主","近乎熟套而格卑"。王夫之类引贾岛"秋风吹渭水,落叶满长安"与《凌歊台》颔联,谓皆"无主之宾,谓之乌合",可谓切中要害之评。查慎行甚至说:"除却'宋祖凌歊'四字,其它无一切题者",评虽过苛,但名作尚且如此,其他更等而下之。五律中此类不切题的情况亦常见,如《喜远书》之颔联:"苔色上春阁,柳阴移晚窗",《怀江南同志》之颔联:"蒲深鸂鶒戏,花暖鹧鸪眠",与"喜""怀"何涉(指下句)?有的甚至拙不成句,如《春泊弋阳》诗之颔联:"云晴犹飘雪,潮寒未应溪","未应溪"三字既拙滞又费解。为历代评家列举的工整对偶,有许多这种不切题面、诗旨的例子。诗题在他那里,仅仅是单纯的人事、地点、季候、景物等,至于整首诗究竟要抒写什么感情,表达什么主旨,似乎并没有认真考虑。有的即使点明"怀古"之类的题目,也往往只是一点浅层次的类型化感受,而非他自己的独特深刻感受。即使像传世之作《金陵怀古》,所抒发的也仅仅是泛泛的今昔之感,较之刘禹锡的《西塞山怀古》,固不能相提并论。因刘诗以点带面,笼盖六朝,从变与不变中引出"兴废由人事,山川空地形"的深刻主题。说明任何王气天命、天险地势、铁锁拦江都阻挡不了腐朽政权的相继覆灭和历史洪流的前进,就是和中唐以来那些对历史人事有独特见解的咏史怀古之作相比,也显然缺乏个性和逆向思考(这类诗有的缺乏文采,又另当别论)。许浑的不少诗给人的感受,好像是先有了一句不错的诗,就撇开全诗的主意,按诗律平仄拗救和对仗工整的要求,用力凑成一联,首尾则常随意敷衍,凑成全篇。这颇似塾师给学生先出对联的上句,让学生对下句,工整即可。说穿了就是一心练对联,练得多了,技巧自能圆熟。这种圆熟,若无明确主旨,自不免与"浅""俗""卑""陋"相连。

  这种情况的出现,与晚唐律体评赏盛行摘句之风密切相关。盛唐律体气象混沌,难以句摘①。中唐诗人又多写古诗,间工绝句,律体虽也有名篇佳作,但无论作者、评者,均不重摘句而重全篇,像白居易的《钱塘湖春行》,题面、诗意和全篇每字每句,皆融浃无间。诗坛评诗亦不重摘句而揭举全篇。但晚唐以来,除小李杜之外,少

---

① 杜律虽锤炼精工,名联迭见,但全篇仍浑然一体。

有全篇皆佳者。温诗轻浅,但全篇整体感仍较明显。而以许浑为代表的多数诗人,则集中精力务求一联之工巧,以此为扬名诗坛之捷径。像杜牧这样强调"文以意为主"的诗豪,竟竭力称扬赵嘏《长安秋望》诗"残星几点雁横塞,长笛一声人倚楼"一联,且吟咏不已,目嘏为"赵倚楼"。平心而论,此联比较工整流丽,与"秋望"之整体气氛亦合,但无言外之韵味,下句亦难称切题(吹笛四时皆可)。执诗坛之牛耳者的这种极赞,或有奖掖后辈诗人(杜成名远早于赵)的用意,但这种品评,对专工一联一句才短韵乏的诗人,是一种莫大的诱惑,即凭此诗坛捷径即可扬名于世。许浑诗唯求对仗拗救之工,而不顾及全篇题意诗旨,缺乏深情远韵的弊病,正与这种摘句评诗的风尚有关。

　　这种求一联一句之工而忽视全诗整体完美的写诗风气,实际上是一种变相的苦吟。以贾岛为代表而追随者众多的苦吟诗人群体,以"二句三年得,一吟双泪流"的苦吟功夫写出"独行潭底影,数息树边身"这种枯淡乏韵的诗联,表面上看与许诗清新流丽的名联似乎不同,但由于脱离全诗意旨,专注一联之工整精炼,其冥思苦想的艰涩之状可想而知。这两种不同的苦吟,都是一种硬做出来的诗。而硬做出来的诗永远也达不到通体完美的境界。晚唐前期四家中,杜牧是特别强调"以意为主,以气为辅,以辞采章句为之宾卫"的,其中的"气"就包含了在全诗意旨统率下贯通全篇的气势。李商隐更明显地提出:"倾国宜通体,谁来独赏眉。"(《柳》)这是一种强调整体美,反对只注意局部之描画的艺术审美观和价值观。温庭筠虽无这方面的理论主张,但许学夷的一段温、许比较的评论却是切中肯綮的:"七言律,许浑工于词,故情致不足,庭筠虽不能如许浑之工,然入录者(指被选家评家所选评的好诗)却有情致。"下面我们就回到本文的题目上,谈温、许诗之"异趋"。

晚唐前期诗家现存的诗多则近六百首(李),少则亦达三百三十首左右(温),许、杜各有五百余首、四百余首,可以大体上推断,他们的传世佳作和大部分可读之作基本上保留下来了。这就具备了上两类诗在存留诗中占比的依据,在相当大程度上反映出他们艺术成就的高低。如果以全篇而不是一两联为依据,那么许诗中的传世之作只有五律《行次潼关驿》,七律《金陵怀古》《咸阳西门城楼晚眺》以及他并不擅长也未刻意惨淡经营而情长韵永、景丽境远的五绝《塞下》、七绝《谢亭送客》,一共五首,仅为存诗总数的百分之一。在名家行列中,这个比例实在太低了。其他可读的诗,数量亦仅十来首(不一一罗列),根本不足以与温相提并论,更无论小李杜了。原因就在于他是一位很重视诗歌写作却缺乏诗才、诗心、诗意诗情的匠式诗人。而缺乏对生活深刻独特的诗意感受,是病根所在。他在《乌丝栏诗序》中说:"余卯岁业诗,长不知难,虽志有所尚,而才无可观。"看似自谦之辞,实为经历多年诗歌写作后的真诚自省(性质类似白居易真诚反省自己的诗"辞繁""言激")。他将自己得意之诗联或诗句,常重复蹈袭。其中最突出的例证当数《夜行次潼关逢魏扶东归》与《行次潼关驿》两首五律,竟有五句相重,几乎使人误以为本为一诗。郎瑛《七修类稿》更举出数例重用七言律中之诗联者:"《京口寄友人》用'一尊酒尽青山暮,千里书回碧树秋'为颈联矣,至《郊园秋日寄洛中故人》,复用二句为颔联,皆寄人者也。又如《呈郭少府巡涝》有'江村夜涨浮天水,泽国秋生动地风',《汉水伤稼》亦用此二句,皆因水也,此则可以同用。至于《送僧归桂州灵岩寺》云:'楚客送僧归桂阳,海门帆势极潇湘。碧云千里暮愁合,白雪一声春思长。'他日《和浙西从事刘三复送僧南归》亦用此四句,但以'桂阳'易'故乡'二字。"以致对"江村"一联重用已取宽容态度之郎瑛也说"夫岂不能再作,固欲如是耶?"珍视得意联之心情可以理解,但这种自我蹈袭也确实反映了其才思的贫乏和不顾及全篇意旨特殊性的弊病。至于"许浑千首湿"的谑语,虽可能与许浑客居及仕宦之地多为水乡泽国有关,但也反映出其营造意象时诗思的局狭,缺乏想象力和创造性。总之,许诗的短处主要表现在目无全牛,刻意追求一联一句之工这一点上。他的精力大都属于"技"的范围,而非属于"艺"的范围。王夫之"无主之宾,谓之乌合"之评,可谓切中要害。而诗才、诗心、诗情的贫乏则是问题的实质与根源。如果凡因发大水、送人皆可用同一联,则写诗岂非类似搭积木之戏和同类项相并乃至麻将牌之百搭了吗?

  再说温庭筠。正如其人有瑕玷一样,其诗也有明显的短板和不足。他的五古,语言晦涩,寓意费解,为其诸体中艺术成就最低者。七十一首乐府诗中,虽不乏佳作,但总体成就不高。钱锺书谓:"温飞卿乐府出入昌谷、太白两家,诡丽惝恍。"(《谈艺录》,第46页)但既乏李贺之奇想,又乏太白之豪纵,而言涩意晦之弊较其五古似更甚。义山学李贺,尚能写出虽断续无端却惊采绝艳的《燕台诗》四首。比较起来,温庭筠之乐府缺乏创造性便相当明显。温诗的思想内容总体上说也比较浅而艳,像李商隐那种诗史式的《行次西郊作一百韵》以及《有感二首》《重有感》《曲江》等纵横论政、伤怀国运者绝少。温诗之艺术成就主要体现在五、七言律和少量五、七言绝上。但在现存三百三十多首诗中,像《商山早行》《送人东游》《过陈琳墓》《苏武庙》《利州南渡》《经五丈原》《碧涧驿晓思》《瑶瑟怨》《春江花月夜词》《达摩支曲》《侠客行》等,不但为晚唐诗之翘楚,而且可以成为传世之作。更重要的是,其诗集中通体可读,一气贯串,紧贴题意诗旨而又具诗情诗趣者,数量之多,远超许浑,如《常林欢歌》《谢公墅歌》《春晓曲》《塞寒行》《回中作》《杨柳枝词》《新添声杨柳枝词》《开圣寺》《赠蜀将》《南湖》《马嵬驿》《偶游》《题崔公池亭旧游》《七夕》《经李征君故居》《经旧游》《秘书省有贺监知章草题诗笔力遒健风尚高远因有此作》《赠少年》《蔡中郎坟》《咸阳值雨》《宿友人池》《寄崔先生》等,内容或感怀时代盛衰,或怀念先贤旧居及旧知旧游,风格或清新明丽,或华美艳丽,或于日常行旅中发现诗情诗趣,均设想新颖而不落俗套,说明作者有敏感的诗心(详参拙撰《温庭筠诗词选》)。温诗的思想内容可能不够高远深刻,艺术表现亦属轻浅一路而少顿挫之致,但全篇均具诗情,而非目无全牛,专注于一联一句之工者。

当代对许浑诗整理研究用力最勤的罗时进教授在肯定许诗成就和优长的同时已经实事求是地指出:"有些篇章过分追求整炼对称的美感,反失之板滞;有些诗通篇作对,缺乏流动之气;有些就一句看,刻画颇为生动,但上下两句却有牵合之感,景与景之间跳跃断续,缺乏联系主体;有些诗意象对应固定……而未能情景融彻;有些得意之句重复使用。这些在一定程度上也影响了美感表现。"

这些都是切中肯綮的批评,说明前人的批评并非苛论。罗文主要从联、句的内部联系立论,与拙文主要从全篇意旨与一联一句的关系立论,或可互补。如律诗一联之间,时空跳跃,本属常态,杜甫《登楼》诗颔联"锦江春色来天地,玉垒浮云变古今",目极千里,思接万载,然玉垒浮云、锦江春色,亘古如斯,则"变"中自含不变,故腹联接以"北极朝廷终不改,西山寇盗莫相侵",便一气呵成,十分自然。我们不能用杜诗的标准来要求许浑,但作诗须切题旨,应是普遍要求。诗而离题,又乏诗情,终落匠气。质而言之,许诗大体上属于"技"的范畴,而温诗则大体上属于"艺"的范畴,这正是温、许异趋的实质。

如果将目光扩展到温庭筠的全部文学创作,对温、许异趋问题或许有进一步认识。庭筠的主要成就在曲子词的创作上,是文人词由偶一为之到大量制作且在艺术上有突破性进展从而蔚为大观的奠基者,也是婉约词风的开创者,影响直至清末民初。尽管词在当时的地位不如强调言志明道的传统诗文,但用发展的眼光看,它却是最具发展前途的音乐文学和抒情文学样式。温庭筠的骈文清新明畅、颇见个性,是古文运动中衰后骈文异军突起的一个重要代表。温、李并称,在当时即指骈文。温氏的小说创作中,亦有思想意识超前几个世纪,写法又与传奇大异,以写实为主要倾向的《窦乂》。总体上说,温庭筠是一位面向未来的以曲子词成就为主的大家(其部分诗亦具词化倾向)。从这更广远的范围看,许、温之异趋便更具文学史的发展变化意义了。通俗地说,他们走的是两条不同的路。

附带说一下前文提及的"诗才"问题。"诗才"这一概念包蕴甚广,兼含"技""艺",此处不详说。不过其中一端,为诗才之敏捷与迟滞问题。唐代科举试五言十二句律诗及赋,对偶是基本功,本身就是技术,但与考题必须契合。如展衍为七言对偶,难度自然增大,切题亦更难。许浑欲觅工对而不切题,即使从技术层面看,亦见其诗才之短、诗思之涩。再加上他的许多诗往往缺乏诗意感受,极易流为应酬式的诗,因而很难引起读者共鸣。而庭筠之才思敏捷,素为文坛所称。"八叉手而八韵成",以"近同郭令,二十四考中书"脱口而对"远比召公,三十六年宰辅"的十字上联,如同宿构,才思之敏,令人惊叹。其诗集中也有大量佳对,但多与诗题诗旨密合,无凑合之迹、艰涩之态,思想感情不见得如何深刻,但不乏真诚。缺点在轻浅中乏顿挫,此则既关乎感情深度,又关乎技艺之偏好。

又,小李与许无交往酬应之迹,上文已提及年龄差距问题,但大中二年冬至三年秋,李、杜、许同在长安,李深情赞杜,却无一字道及许。其中原因值得思考。无交往不等于不知名。对许浑这样一位前辈诗人如此缄默,可能与义山"倾国宜通体,谁来独赏眉"的整体审美观有关。同在大中三年,义山应宰相白敏中之请,为大诗人白居易撰墓志铭,而早在大和年间,义山就曾参与白居易、令狐楚等诗坛、政坛老宿的诗文宴会,以"江黄预会",叨陪末座为幸。此次应约撰写墓铭,于其诗歌创作,仅言其流播海外,而对其艺术成就不置一词。这是否也意味着义山由于自己崇尚"深情绵邈"、意蕴多重的诗风,而对白诗过直、过露、过尽的弊病有自己的看法,故以不言言之呢?

流金岁月

1959 年，结婚照

1984年3月，林庚先生的来信

1988年8月，在林庚先生家

2000年10月，桂林，刘学锴先生夫妇和余恕诚先生夫妇在广西师范大学老校园（王城校区）

2002年4月，芜湖，在中国李商隐研究会第六届年会暨国际学术研讨会上左起依次为：余大芹、胡传志、李守鹏、谢昭新、刘学锴、王蒙、余恕诚、潘啸龙、袁立庠

2010年，在庆祝程毅中先生八十寿辰招待会上与同学合影

左起依次为：袁行霈、严家炎、刘学锴、程毅中、杨贺松（袁行霈夫人，同级同学）、程毅中夫人、白乃祯夫人、（不认识）、王理嘉、白乃祯

2010年，在庆祝程毅中先生八十寿辰招待会上，与袁行霈先生交谈

2019年6月,芜湖,在《唐诗选注评鉴》(十卷本)出版座谈会暨唐诗选本学术研讨会上

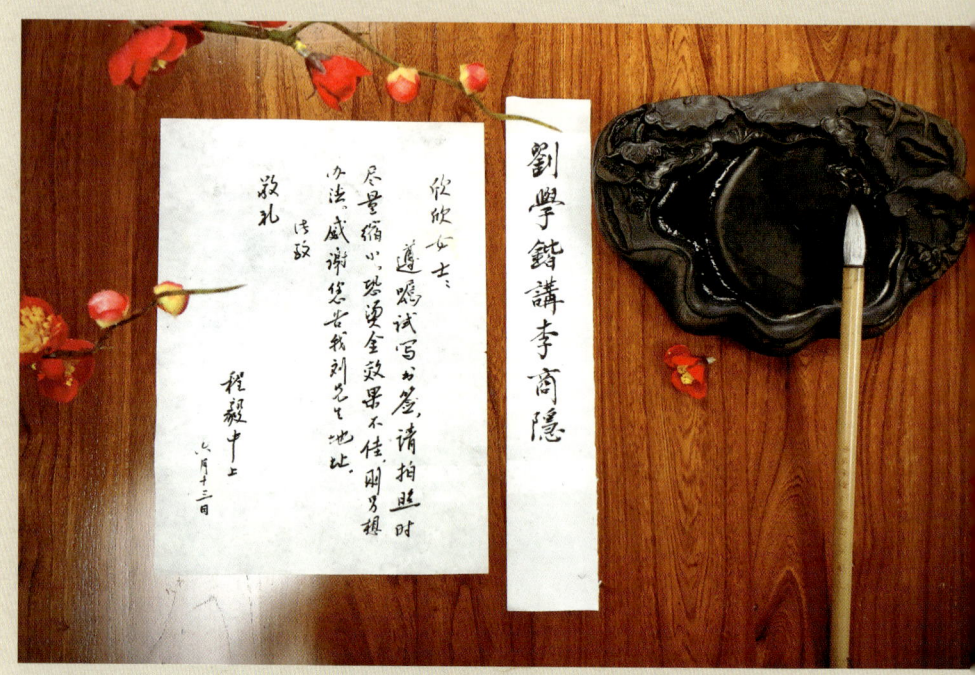

2022 年 6 月,程毅中先生为《刘学锴讲李商隐》一书题签和程先生的来信

中国李商隐研究会第十一届学术年会暨国际学术研讨会合影留念　安徽 合肥　2022.08.03

2022 年 8 月，合肥，在中国李商隐研究会第十一届学术年会暨国际学术研讨会上

2023年10月，在合肥寓所

2023年12月，在松阳老家祖居门口

刘学锴祖居

著述年表及获奖情况

著述年表

1957年

4月 《〈长生殿〉的主题思想到底是什么?》(署名丁冬),载《光明日报》1957年4月7日"文学遗产"专刊。又载人民文学出版社编辑部编《元明清戏曲研究论文集·二集》(人民文学出版社1959年2月版)。

1961年

9月 《选本也应该百花齐放》(署名丁一),载《光明日报》1961年9月3日"文学遗产"专刊。

11月 《知人论世》(署名丁一),载《光明日报》1961年11月2日"东风"文艺副刊。

12月 《几点有关古典文学研究的建议》(署名丁山),载《光明日报》1961年12月17日"文学遗产"专刊。《文艺报》1962年第2期全文转载并加编者按。

1963年

2月 ◈ 《王昌龄七绝的艺术特色》（署名冯平），载《光明日报》1963年2月17日"文学遗产"专刊。

1974年

6月 ◈ 《论韩柳之争》（与韩酉山合撰），载《安徽师范大学学报（哲学社会科学版）》1974年第3期。

1977年

12月 ◈ 《李商隐诗选前言》（与余恕诚合撰），载《安徽师大学报（哲学社会科学版）》1977年第6期。

1978年

8月 ◈ 《李商隐诗选》（与余恕诚合撰），人民文学出版社出版，列入"中国古典文学读本丛书"。

1979年

8月 ◈ 《李商隐的无题诗》，载《安徽师大学报（哲学社会科学版）》1979年第4期。

1980年

1月 ◈ 《李商隐》（与余恕诚合撰），中华书局出版，列入"中国文学史知识读物"丛书。

12月 ◈ 《李商隐开成末南游江乡说再辨正》（与余恕诚合撰），载《文学遗产》1980年第3期。

1981年

1月 ◈ 《唐代绝句赏析》（与赵其钧、周啸天合撰），安徽人民出版社出版。

1983年

8月 《李商隐生平若干问题考辨》(与余恕诚合撰),载《安徽师大学报(哲学社会科学版)》1983年第4期。

12月 《唐诗鉴赏辞典》(撰鉴赏文88篇),上海辞书出版社出版。

1985年

9月 《唐代绝句赏析续编》(与赵其钧、周啸天合撰),安徽文艺出版社出版。

1986年

11月 《李商隐诗选》(增订重排本,与余恕诚合撰),人民文学出版社再版,增选诗60余首,内容上也作了大幅度改动。

1987年

2月 《李商隐与宋玉——兼论中国文学史上的感伤主义传统》,载《文学遗产》1987年第1期。

1988年

6月 《李义山诗与唐宋婉约词》,载《安徽师大学报(哲学社会科学版)》1988年第3期。

8月 《唐宋词鉴赏辞典》(撰鉴赏文33篇),上海辞书出版社出版。

《李商隐无题诗研究综述》,载《唐代文学研究年鉴(1988)》,陕西师范大学出版社出版。

| 12月 | 《李商隐诗歌集解》（全五册，与余恕诚合撰），中华书局出版，列入"中国古典文学基本丛书"。1992年台湾洪叶文化出版公司购中华书局版权，在台湾地区出版。|

1989年

| 6月 | 《谈谈〈李商隐诗歌集解〉的编撰工作》（与余恕诚合撰），载《书品》1989年第2期，中华书局出版。|

1991年

| 3月 | 《李商隐的托物寓怀诗及其对古代咏物诗的发展》，载《安徽师大学报（哲学社会科学版）》1991年第1期。又载《唐代文学研究》（第三辑），广西师范大学出版社1992年8月版。|

1993年

| 2月 | 《李商隐咏史诗的主要特征及其对古代咏史诗的发展》，载《文学遗产》1993年第1期。|
| 3月 | 《古代诗歌中的人生感慨和李商隐诗的基本特征》，载《安徽师大学报（哲学社会科学版）》1993年第1期。|

1994年

| 1月 | 《开拓心灵世界的诗人——李商隐》，载《古典文学知识》1994年第1期。|
| 5月 | 《古代诗人研究的新尝试与新探索——评董乃斌著〈李商隐的心灵世界〉》，载《文学遗产》

		1994年第3期。
9月		《〈李商隐开成末南游江乡说再辨正〉补证》，载《文史》第四十辑，中华书局出版。
10月		《分歧与融通——集解李义山诗的一点体会》，载《唐代文学研究》（第五辑），广西师范大学出版社出版。

1996年

9月		《〈樊南文集〉〈樊南文集补编〉旧笺补正与佚文补遗》（与余恕诚合撰），载《唐代文学研究》（第六辑），广西师范大学出版社出版。又载《中国古籍研究》第一卷，上海古籍出版社1996年11月版。

1997年

3月		《樊南文的诗情诗境》，载《文学遗产》1997年第2期。又载《唐代文学研究》（第七辑），广西师范大学出版社1998年10月版。
7月		《古文鉴赏辞典》撰鉴赏文19篇，上海辞书出版社出版。
9月		《以白描写诗境抒至情——李商隐〈祭小侄女寄寄文〉赏析》，载《古典文学知识》1997年第5期。
11月		《历代李商隐研究述略》，载《中国古典文学学术史研究》，新疆人民出版社出版。

《李商隐诗集版本系统考略》,载《安徽师大学报(哲学社会科学版)》1997年第4期。

1998年

1月 《本世纪中国李商隐研究述略》,载《文学评论》1998年第1期。

《古典文学研究中的李商隐现象》,载《社会科学辑刊》1998年第1期。又载《百年学科沉思录——二十世纪中国古代文学研究回顾与前瞻》,人民文学出版社1998年9月版。

主编《李商隐研究论文集(1949—1997)》,广西师范大学出版社出版。

4月 《对唐诗艺术文化底蕴的深入剖析——序〈唐诗风貌〉》,载《江淮论坛》1998年第2期。

5月 《李商隐诗歌研究》,安徽大学出版社出版。

1999年

12月 《我和李商隐研究》,载《学林春秋三编》(上册),朝华出版社出版。又载《文化的馈赠——汉学研究国际会议论文集(语言文学卷)》,北京大学出版社2000年8月版。

2000年

3月 《义山七绝三题》,载《文学遗产》2000年第2期。又载《唐代文学研究》(第八辑),广西师范大学出版社2000年10月版。

2001年

1月　《历代叙事诗赏析》(与赵其钧、周啸天合撰)，安徽文艺出版社出版。

5月　《增订注释全唐诗》(全五册)，担任全书副主编、第三册主编，并撰李商隐诗第一、二卷之注释。

8月　《一部国内失传多年的李商隐诗选疏选评本——徐、陆合解〈李义山诗疏〉评介》，载《安徽师范大学学报(人文社会科学版)》2001年第3期。

11月　《李商隐资料汇编》(全二册，与余恕诚、黄世中合编)，中华书局出版，列入"古典文学研究资料汇编"丛书。

2002年

1月　《汇评本李商隐诗》，上海社会科学院出版社出版。
《李商隐的七言律诗》，载《安徽师范大学学报(人文社会科学版)》2002年第1期。

3月　《李商隐诗文集中一种典型的脱误现象——从〈为尚书渤海公举人自代状〉题与文的脱节谈起》，载《中华文史论丛》2001年第3辑，上海古籍出版社出版。

《李商隐文编年校注》(全五册,与余恕诚合撰),中华书局出版,列入"中国古典文学基本丛书"。

《李商隐开成五年九月至会昌元年正月行踪考述——对李商隐开成末南游江乡说的续辨正》,载《文学遗产》2002年第2期。又载《唐代文学研究》(第九辑),广西师范大学出版社2002年4月版。

《李商隐梓幕期间归京考》,载《文史》2002年第1辑,总第五十八辑,中华书局出版。

6月　《李商隐传论》(全二册),安徽大学出版社出版。

2003年

5月　《从纷歧走向融通——〈锦瑟〉阐释史所显示的客观趋势》,载《安徽师范大学学报(人文社会科学版)》2003年第3期。

7月　《白描胜境话玉谿》,载《文学遗产》2003年第4期。

2004年

8月　《李商隐诗歌接受史》,安徽大学出版社出版。

11月　《李商隐诗歌集解》(增订重排本,全五册),中华书局出版。增订重排本在生平考证、诗歌系年及阐释、资料搜集等方面,作了较大幅度的增补修订。

2005年

4月 《李商隐杂考二题》,载《立雪集》(庆贺林庚先生95华诞论文集),人民文学出版社出版。

2006年

5月 《温庭筠文笺证暨庭筠晚年事迹考辨》,载《文学遗产》2006年第3期。

2007年

7月 《温庭筠全集校注》(全三册),中华书局出版,列入"中国古典文学基本丛书"。

10月 《〈温庭筠全集校注〉撰后记》,载《古籍整理出版情况简报》2007年第10期。

2008年

3月 《唐宋八大家文品读辞典》(撰文22篇),新世界出版社出版。

4月 《温庭筠传论》,安徽大学出版社出版。

11月 《唐诗名篇鉴赏》,黄山书社出版。
《古典文学名篇鉴赏》,黄山书社出版。

2009年

7月 《中国古代诗文名著提要·汉唐五代卷》(撰李商隐诗文集提要16篇),河北教育出版社出版。

2010年

3月 ◇ 《〈唐诗与其他文体关系研究〉序》，载《安徽师范大学学报（人文社会科学版）》2010年第2期。

2011年

10月 ◇ 《温庭筠诗词选》，中州古籍出版社出版。
◇ 《李商隐诗选》（与余恕诚合撰），中州古籍出版社出版。

2012年

8月 ◇ 《〈过陈琳墓〉的受推崇和被误解》，载《人民政协报》2012年8月20日"学术家园"专刊。

12月 ◇ 《唐诗名篇异文的三个典型案例》，载《人民政协报》2012年12月31日"学术家园"专刊。

2013年

5月 ◇ 《读唐诗名篇零札》，载《安徽师范大学学报（人文社会科学版）》2013年第3期。

7月 ◇ 《读唐诗名篇零札（续）》，载《安徽师范大学学报（人文社会科学版）》2013年第4期。

8月 ◇ 《醉眼中的洞庭秋色——李白诗"巴陵无限酒，醉杀洞庭秋"试解》，载《人民政协报》2013年8月12日"学术家园"专刊。
◇ 《小学生必读古诗词》，教育科学出版社出版。

《李商隐传论》(增订本,全二册),黄山书社出版。

9月　《唐诗选注评鉴》(全二卷),中州古籍出版社出版。

2014年

1月　《诗的本事和文本的品读》,载《人民政协报》2014年1月27日"学术家园"专刊。

12月　《唐音浅尝集》,安徽师范大学出版社出版。

2019年

5月　《唐诗选注评鉴》(十卷本),中州古籍出版社出版。

《李杜诗选》(全二册),中州古籍出版社出版。

2020年

4月　《刘学锴讲唐诗》(全二册),中州古籍出版社出版。

12月　《刘学锴文集》(十卷二十二册),安徽师范大学出版社出版。

2021年

9月　《李商隐〈哭刘蕡〉"溢浦书来"补笺》,载《安徽师范大学学报(人文社会科学版)》2021年第5期。

2022年

7月 ◆ 《刘学锴讲李商隐》(全二册),中州古籍出版社出版。

《可否换一种思路读〈清明〉》,载《光明日报》2022年7月11日"文学遗产"专刊。

2023年

4月 ◆ 《诗文误读与传主正史——以〈旧唐书·温庭筠传〉为例》,载《光明日报》2023年4月3日"文学遗产"专刊。

5月 ◆ 《温庭筠、段成式晚年经历交游考》,载《安徽师范大学学报(人文社会科学版)》2023年第3期。

9月 ◆ 《大历诗风与盛唐余响》,载《学术界》2023年第9期。

12月 ◆ 《李商隐"浙水东西,半纪漂泊"再考》,载《中国诗学研究》2023年第2期。

2024年

9月 ◆ 《从宋诗与宋词艺术风貌的殊异谈创新与接受的关系》,载《古典文学知识》2024年第9期。

2025年

3月 ◆ 《刘学锴讲温庭筠》,中州古籍出版社出版。

获奖情况

1985 年 · 《李商隐诗选》（1978年初版）获安徽省首届社会科学研究优秀成果二等奖。

1992 年 · 《李商隐诗歌集解》（1988年初版）获首届全国优秀古籍整理图书奖三等奖。

1994 年 · 《李商隐诗歌集解》获安徽省教委首届人文社会科学研究优秀成果特别奖。

1995 年 · 《李商隐诗歌集解》获国家教委首届人文社会科学研究优秀成果二等奖。

1999 年 · 《李商隐诗歌研究》获安徽省出版局1998年优秀图书二等奖。

2003 年 · 《李商隐文编年校注》获第四届全国优秀古籍整理图书奖一等奖，再获第六届国家图书奖。

《李商隐传论》(2002年初版)获安徽省政府人文社会科学研究著作一等奖,又获省出版局2002年优秀图书一等奖。

2005年 《李商隐诗歌接受史》获2004年安徽省优秀图书二等奖。

2009年 《温庭筠传论》获2008年安徽省优秀图书二等奖。

《唐诗名篇鉴赏》获2008年度全国优秀古籍整理图书奖普及读物类奖。

《古典文学名篇鉴赏》获2008年度华东地区古籍优秀图书通俗读物奖。

2011年 《温庭筠全集校注》获安徽省政府2007—2008年度社会科学著作一等奖,又获第六届全国优秀古籍整理图书奖二等奖。

2013年 国家新闻出版广电总局、全国古籍整理出版规划领导小组首届向全国推荐优秀古籍整理出版图书91种,《李商隐诗歌集解》(2004年增订重排本)、《李商隐文编年校注》、《温庭筠全集校注》、《李商隐诗选》（1986年增订重排本）均入选推荐书目。

2014年 《李商隐传论》（2013年增订本）获2013年度华东地区古籍优秀图书一等奖。

2015年 《唐诗选注评鉴》获2012—2013年河南省优秀图书奖一等奖。

2021年 《刘学锴讲唐诗》获2020年度豫版好书奖。

2023年 《刘学锴讲唐诗》获2022年度河南优秀出版奖图书奖和装帧设计奖2项奖项。
《刘学锴讲李商隐》获2022年度豫版好书优秀奖。

1988年 被国家教委、人事部评为全国教育系统劳动模范，获人民教师奖章。

1992年起 享受国务院政府特殊津贴。

1993年 ◆ 获曾宪梓教育基金会首届全国高等师范院校教师奖一等奖。

2002年 ◆ 获北京大学优秀校友称号。

2016年 ◆ 获安徽师范大学终身成就奖。

访谈与报道

诗家总爱西昆好，今喜有人作郑笺

访谈人/谢琰

缘结义山，心系京皖

> **谢　琰**
>
> 　　刘先生，您好！我受《文艺研究》杂志委托，对您做一次专访，想请您谈谈治学经验。非常感谢您能答应我们的请求。我首先想问，您是如何走上李商隐研究的道路的？

刘学锴

　　我在高校工作将近半个世纪，但说来惭愧，研究领域太窄。1975～2004年整整三十年，除了给本科生讲课、指导研究生之外，我集中研究的领域就是李商隐，总共写了十来部有关李商隐的书、三十来篇论文。这里面，我认为稍微重要一点的，希望能为学界用上三十年的，也就是三部书：《李商隐诗歌集解》《李商隐文编年校注》《李商隐传论》。大家可能会奇怪，一个人怎么能在这么狭小的领域里孜孜不倦地劳作三十年呢？这一点，当初我自己也没有想到。现在想来，当然有诸多主、客观原因。我们这一辈人中的绝大多数，都是先天不足、后天失调。我在北大中文系读本科时，多数同学仅仅是出于对文学的兴趣才来的，极少有人从小受过系统的传统文化教育。我只在1952～1957这五年内，比较认真、系统地学了一些知识，浏览了一些重要作家的诗文集。但在1957～1976二十年里，能坐下读书研究的时间少得可怜。等到"文化大革命"结束，我想重操旧业，已经明显感到心有余而力不足，只能尽量压缩范围，不把摊子铺大。1975年，人民文学出版社约我和余恕诚合撰《李商隐诗选》，1977年中华书局又约我们写一本小册子《李商隐》，我的李商隐研究工作就这样开始了。我戏称这种研究选择是"攻其一点，不及其余"，其实是出于一种无奈的压缩战略。

谢 琰

　　我读您的书，感觉您不仅是从严谨的学术层面解读李商隐，而且是从情感、性情上去揣摩他。您觉得自己的性情、个性是否与李商隐有相通之处呢？

刘学锴

　　有一些吧。我七岁的时候父亲去世，十三岁的时候母亲去世。这个因素可能让我小时候比较内向，有点感伤气质。我比较喜欢感伤类的作品。比如《诗经》里的《东山》《蒹葭》《采薇》，还有《古诗十九首》。我有一篇文章叫《李商隐与宋玉——兼论中国文学史上的感伤主义传统》。我发现李商隐总提到宋玉,所以写了这篇文章。从性情、个性来讲,我略带感伤气质,所以对感伤情调浓重的义山诗,有一种天然的契合与共鸣。

> **谢　琰**
> 　　除了主观原因,您与李商隐的结缘是否还有时代原因?

刘学锴

　　当然有,这是根本原因。在20世纪50年代至70年代,学界对李商隐是比较歧视和冷淡的,有时还把他当作贬抑的对象和批评的靶子,比如说他唯美主义、反现实主义。尽管李商隐也写过不少学杜甫的感时伤世、忧念国运之作,但他诗风的突出特征还是感伤情调、朦胧诗境、象征色彩,抒写内心幽隐情绪,歌咏悲剧性爱情体验、人生感慨。这些内容、风格特征,都和当时那种非常直接的"古为今用"的要求有距离,甚至相矛盾。而改革开放以来这几十年,古代文学领域掀起"李商隐热",毫无疑问是思想观念和文学观念变化的自然要求和结果。1999年出版的袁行霈先生主编的《中国文学史》,在作家地位升降方面有一个引人注目的变化,就是李商隐过去只在讲晚唐诗歌时设一小节,而在这部书里却独立为专章,与屈原、司马迁、陶渊明、李白、杜甫、苏轼、辛弃疾、关汉卿、王实甫、汤显祖、蒲松龄、吴敬梓、曹雪芹等公认的第一流大作家并列。这说明,对于李商隐这种类型的作家的思想艺术成就和价值的认识,需要一个长时间的过程,需要比较宽松的学术环境和文化环境。李商隐研究热的兴起和在相当长一段时间内的延续,有它的时代必然性。所以我在这三十年里集中研究李商隐,不妨说是时代潮流的推动。如果我没有从事这方面的研究,肯定会有别的学人来做,而且会做得更好。

> **谢 琰**
>
> 学术方向的选择,既要顺应时代潮流,也要符合学者的人生境遇和个性特点。但是,好的选择只是成功的一小步。对于古典文学研究而言,学术功底极为重要。您在北大求学和任教期间遇见了哪些先生?他们对于您学术功底的养成起到了怎样的作用?

刘学锴

学术功底很难说啦!我自知短板很多。当时北大的先生们,都特别强调系统读书。我从大二到大四,一直担任文学史课程的课代表,当时的授课老师是游国恩、林庚、浦江清、吴组缃四位先生。在同学中,我读的集部书确实比较多,但是经、子、史三部读得比较少。对于先秦典籍,我有点畏难。本科毕业时,游国恩先生可能有意留我做他的助教,我最后还是选择了自己感兴趣的唐代(方向),征得林庚先生的同意,做了他的第一届副博士研究生。除各段研究生都必须通读从《诗经选》到《红楼梦》二十五部书外,林先生还要求我认真阅读自魏晋至五代的名家别集,认真撰写札记,定时送交。他会审阅批改,再让我到家面谈,指出优缺点,从观点到对诗句的理解都一一指出。这种严格要求和训练,使我受益匪浅。读研期间,林先生还让我做过一些助手性质的工作。他撰写《盛唐气象》的论文时,让我统计初、盛、中、晚唐四期诗人和各种体裁作品的数量,使我对全部唐诗作了一次通览。此外,当时受高教部委托,由林先生撰写新编《中国文学史》的隋唐五代部分。每撰一章,先生都要我先读这一章中涉及的作家诗集,并从中选出一部分代表性的作品。每章内容由他口授,我作记录,并整理成初稿。由于时代原因,这部文学史的撰写不久就无疾而终,但这段短暂的师生合作却长久保留在先生记忆中。1988年,沈天佑学友陪吴组缃先生来安徽师大参加《红楼梦》研讨会时,还特意提及林先生在北大文学史教研室会议上深情回忆起当年和我隔桌相对而坐、边口授边笔录的情景。我自己,当然更对这段短暂的合作经历难以忘怀。1959年北大中文系新建古典文献专业,将我提前分配到新专业任教,我师从林先生读研的经历就此正式结束。

当时古典文献专业的基础课,多由别的系的老师来上,比如中国哲学史、中国通史是由哲学系、历史系的教师来讲的,真正本专业的课,如古籍整理概论等,并没有开出来。当时吴小如先生从文学史教研室借调到文献专业,讲古文选读课,我和侯忠义担任辅导。小如先生指导我阅读《书目答问补正》《四库提要》,使我对古籍的总貌,特别是重要的经、史、子著作及其注疏有了大致的了解。他还让我仿照《四库提要》的体例撰写提要,即对古文选读课课文的出处书籍用浅近的文言写提要。后来我参加《古籍整理概论》教材的编写,并独立开了"校勘学"这门新课,都与小如先生从目录学入手的指导分不开。我讲校勘学,一点基础也没有,都是自己找清儒和近人有关校勘学的专著和古籍校注著述来看,差不多准备了一年多才开出这门课。我和古籍整理结缘,就是因为这个原因。

我与李商隐结缘,还和陈贻焮先生有关系。他是林庚先生转入北大后的大弟子。林先生主讲魏晋南北朝、隋唐五代文学时,他担任助教,我常向他求教。他给我们主持过很多次课堂讨论。在我的印象中,陶渊明的课堂讨论非常激烈,陈先生的总结也特别精彩。我后来从事李商隐研究,首先得益于他在20世纪60年代初写的几篇有关李商隐的论文。1992年他主编《增订注释全唐诗》,命我担任第三分册的组、编工作,我责无旁贷。尽管我们私下里亲昵地称他为大师兄,但在我心目中,他始终是师长。

谢 琰

您在20世纪60年代调到合肥师院中文系,从那以后一直任教于此。安徽师大有一些旧学根底深厚的老先生,如张涤华、宛敏灏、祖保泉等,您和他们是否有过交流?

刘学锴

当然有啦。我刚进合肥师院,系里给我分的课是大学四年级的"中国历代散文选"。张涤华先生当时是系主任,也亲自出马和另几位老先生各上一个大班的课,集体备课时还常问我对某篇文章有哪些看法。说起张先生,有一件很有趣的事情。1963年7月底,我到系里报到,第一次见张先生,他就询问我在北大的师承,开过什么课。我如实说了。他听说我教过校勘学,好像有些吃惊。我当时未满三十岁,可能在他的意识里,这门课年轻人是不可能开的。他让我把讲稿给他看看。我实话实说:离开北大的时候,校勘学课由陈铁民和孙钦善这两位刚毕业的研究生来上,我就把全部讲稿留给他们了。这就是我和张先生的第一次见面。过了些时日,我才知道,张先生当天回去在日记里写道:"刘君学锴,年不足四十,学有根底,甚可喜也。"他说我"学有根底",可能就是因为我开过校勘学课吧。张先生在"文革"后期担任《汉语大词典》的副主编,是著名语言学家。宛老当时是副教务长,还给艺术系开"词的格律"这门课,我听他的课,并给学生作辅导。1978年,我们有硕士点的时候,宛老是带头人,具体工作就由我和余恕诚来做。宛老是词学大家,又是近现代大词人和诗家。我在这方面没下过功夫,但对他的《二晏及其词》和一系列词学论文都曾拜读过。祖老一直担任系行政领导,交流机会更多,而且他曾在"安徽古籍丛书"编委会中担任职务,安师大成立古籍研究所,他也是带头人,我一直都在他领导下工作。他的有关《文心雕龙》《诗品》等带有开创性的著作我也都拜读过。三位先生都是行政领导兼学者,又都十分重才,在当时非常难得。

西昆解人，飞卿知己

> **谢 琰**
>
> 您的李商隐研究呈现出丰富、全面的体系。有诗集整理、文集整理、资料汇编、传记、接受史、选集选注、普及读物，还有很多专题论文。我想请您简单梳理一下这些成果是如何一步步编著出来的？

刘学锴

学术研究总是在前人基础上进行的。清代以前，李商隐研究基本未成气候。但从清代到民国，却出现了长期的李商隐研究热，可以列出释道源、钱龙惕、吴乔、朱鹤龄、徐树毂、徐炯、徐德泓、陆鸣皋、陆昆曾、姚培谦、程梦星、纪昀、屈复、何焯、冯浩、姜炳璋、钱振伦、张采田、苏雪林、岑仲勉等一长串研究者名单。岑仲勉先生说："唐集韩、柳、杜之外，后世治之最勤者，莫如李商隐。"我的李商隐研究，就是在如此丰厚的前人研究成果基础上起步的。

1978年人民文学出版社出版的《李商隐诗选》，1980年中华书局出版的《李商隐》，主要凭借的就是朱鹤龄注本、冯浩注本，何焯、朱彝尊、纪昀三家评，张采田的《会笺》，岑仲勉的《平质》，以及新中国成立后报刊上发表的十来篇有关论文。这两本书，除了诗本身的疏解，在生平考证、诗文系年等方面基本上没有什么新发现。但是在撰写过程中，我逐渐形成了两个比较清晰的想法：一是义山诗旧注这么多，各家观点分歧很大，各有各的道理，很难定于一是，应该做一部"集解"式的整理本,对前人已有的考证、疏解、评点成果做一次全面的清理和总结。二是强烈地感到,这样一位"后世治之最勤"的作家,其生平行踪的考证、作品的系年、诗意的解说疏证乃至总体的评价等方面,都还存在许多问题,亟待纠正、补证,甚至彻底重新思考。特别是索隐猜谜、穿凿附会的解诗方法,从吴乔发端,到程梦星、冯浩大加发展,到张采田则登峰造极,产生了极为深远的负面影响。不走出穿凿附会的阴影,李商隐研究就会越来越陷入误区,不能自拔,甚至走火入魔。另外,冯浩等人在生平、行踪考证方面既取得了卓著成绩,也有重大失误和一系列缺失,由此导致对一大批作品的系年考证和意蕴阐释发生偏差。今天再作义山诗的集解,应该尽量汲取前人这方面的教训,避免重犯类似错误。

谢 琰
　　前人的具体观点分歧很大,方法层面又走入误区,所以既需要清理,又需要重塑。

刘学锴
　　对,就是在这两个想法的推动下,我从1976年10月开始继续收集资料,1979年4月正式开始撰写,至1983年竣稿,完成了一部一百五十万字的《李商隐诗歌集解》。这部书在汇校、汇注、汇评、汇笺的基础上,每首诗都附有自己或长或短的按语,对作诗背景、系年、内容意蕴、诗境诗艺进行考证、疏解。由于下了一番笨功夫,在各方面都有不少新的发现和结论。有了《集解》这个基础,1985

年我和怒诚又对《李商隐诗选》进行了大幅度的增补、修订,增选诗作近七十首,评、注结合,对诗后的解说也作了比较彻底的改动增补,侧重诗艺的解说,并改写了前言。这本书1986年再版,相比于1978年初版,已经判若两书。

此后一段时间,我有计划地写了一批有关义山诗的理论研究和考证文章,结集为《李商隐诗歌研究》,1998年由安徽大学出版社出版。此前1993年,与余恕诚合作的《李商隐资料汇编》(收入"古典文学研究资料汇编"丛书)完稿交给中华书局,但迟至2001年方才出版。

从1995年开始,由恕诚提议,我又用全力对存世的三百五十二篇李商隐文进行了全面的整理、校注。李商隐是骈文大家,他的骈文本身有独立的艺术价值,并且与他的诗歌创作有密切联系与相互影响,既有以骈文为诗的一面,又有以诗为骈文的一面。而要想真正对李商隐生平的考证、诗文的系年考证做好、做细,也必须熟读他的文章。他的骈文虽然不像诗那样有纷纭的解释,但典故特别多。尽管有徐、冯、钱三家的旧注、旧笺和岑仲勉《平质》作为基础,但需要进一步考辨、增补的地方还是很多的。我在1995至1999年间,用了四年时间独立完成了全书的撰写。旧注是按体编排的,我改为按写作年月编排,又增补了七千多条注释和按语。在撰写过程中,发现了李商隐生平及诗文系年考证、诗文错简等方面的重要问题,陆续写成多篇考辨文章,分别发表在《文学遗产》、《文史》、《中华文史论丛》、《中国古籍研究》、《立雪集》(庆贺林庚先生95华诞纪念论文集)上。《李商隐文编年校注》总共一百三十四万字,2002年由中华书局出版。至此,"李氏三书"(诗集解、文校注、资料汇编)均已由中华书局出版。2002年,我又根据1988年以来自己的新研究成果,对《李商隐诗歌集解》进行了全面的增补修订,增加了十四万字,于2004年由中华书局出版了增订重排本。有关李商隐研究的三项基础建设工程总算完成了。

  这三部书完成之后,我觉得应该将我二十多年整理、考订、研究李商隐生平及诗文的成果,作个总结。于是又从1999年下半年开始撰写《李商隐传论》。由于有前面的几部书和几十篇论文作基础,再加上近百篇义山诗文系年考证与鉴赏文章打底,这部六十七万字的论著只用了两年时间就完成了,并于2002年由安徽大学出版社出版。2013年又新增五章,改由黄山书社出版增订本。《传论》写成后,我又用了近两年时间写出一部三十六万字的《李商隐诗歌接受史》,对历代李商隐诗的接受历程、阐释史、影响史作了具体的梳理论述,2004年由安徽大学出版社出版。这本书出版后,我的三十年李商隐研究历程总算画上了一个句号。总的来看,我是沿着一条由浅入深、由局部到整体、由文献考证到理论研究的路线,滚雪球式地逐步推进的。我用的方法基本上是传统方法,没有多少新花样,但自感每一步都走得比较踏实。

> **谢　琰**
>
>   您的李商隐研究之路,表面看来水到渠成,但其实暗藏着许多艰苦的思索和无穷无尽的枯燥的努力。您在李商隐生平考证和诗文系年方面有很多突破性的新发现,可以

> 谈谈考证心得吗?

刘学锴

  我先说一点总的想法。我觉得,如果真正想研究一个作家,最原始也可能最有效的一个办法,就是不怕麻烦,全面搜集前人、今人已有的校注、笺评、考证、研究成果,在此基础上,将该作家的全部作品从头到尾、逐字逐句细读,并重新校勘、注释、疏解一遍,将前人、今人所作的全部传记资料、年谱,从头到尾认真审查一遍。真正下了这个笨功夫,相信一定会有新的感受、新的发现、新的结论。整个李商隐研究史其实就说明了这一点。从唐末到明末,为什么李商隐研究一直进展缓慢、不成气候呢?为什么清初朱鹤龄注本出来之后,李商隐研究就形成了一个长期的热潮?这里面当然有许多深刻的时代原因,但是,从唐末到明末,一直没有学者下功夫做一部李商隐诗文全集笺注本,恐怕是一个很重要的原因。有没有这样的基础建设工程,研究的深度、广度、坚实厚重度,是很不一样的。就我个人来说,我的考证新结论,都是从反复阅读中来,从校注、笺解、考证的过程中来。我想特别强调的是,一般性的阅读和亲自校注、笺解、考证的阅读,很不一样。必须一字一句去抠。一般的阅读很容易滑过去的地方,有时会成为解决重大考证问题的关键。

> **谢　琰**
>
>   您对"江乡之游"说的辨正,应该就是一个典型的例

> 子吧。冯浩、张采田二人主张，李商隐在开成五年九月到会昌元年正月之间，曾有"江乡之游"。此说在学界影响很大，几乎成为定论。您是如何考辨清楚的呢？

刘学锴

　　岑仲勉先生首先指出，这段时间内，义山正忙于移家、调官、作贺表，根本不可能分身作江乡之游。但很多学者仍然相信冯、张之说，因为他们有两条"铁证"：一条是义山有一首七律《赠刘司户蕡》，冯、张认为是刘蕡于会昌元年正月被贬柳州途中，与义山在湘阴黄陵晤别，义山作此诗相赠，所以证明会昌元年正月义山正在江乡。另一条"铁证"，是天复三年罗衮《请褒赠刘蕡疏》，冯、张引用其中文字："身死异土，六十余年。"从天复三年上推六十余年，正好是会昌二年，也就是他们所推断的刘蕡的卒年。刘蕡在这一年卒于江乡。但是，我仔细阅读后发现，这两条"铁证"都不可靠。第一，《赠刘司户蕡》这首诗，不是作于刘蕡贬柳州的途中，而是作于他从柳州放还北归的路上。我是从哪句发现问题的呢？就是"更惊骚客后归魂"。"骚客"指遭贬的刘蕡。如果作于贬柳州的途中，如何会说他"后归"呢？"后归"，说明他此时已经离开柳州北归，只不过迟归而已。刘蕡次子刘珵的墓志说，刘蕡"贬官累迁澧州员外司户"，证实了我的推断：大中二年春初，李商隐奉使江陵返回桂林，而刘蕡正要奔赴澧州，两人在洞庭湘阴黄陵相遇，又匆匆作别。第二，冯氏所引"身死异土，六十余年"，并不是罗衮疏的原文。原文是这样的："刘蕡当大和年对直言策，是时宦官方炽，朝政已侵，人谁敢言……遂遭退黜,实负冤欺。其后竟陷侵诬,终罹谴逐,沉沦绝世,六十余年。""沉沦",是指遭贬而沉埋不遇,"绝世"才指辞世。这两句是说,刘蕡自从遭遇贬谪沉埋,直至去世,至今已经六十余年了。"六十余年",应该从会昌元年遭贬算起。这样,冯、张的"铁证"也就不复存在了。当然,整个考证过程还会涉及很多问题,但对于两个关键性"铁证"的驳正,就是从"后归""沉沦"四个字的含义上作出突破的。我想,当代科技固然很发达,提供了很多便捷,有些考证会因此获得较快的成功,但我坚信,电脑暂时还无法代替人脑。像上面的考证,不但电脑解决不了,甚至连能否发现问题都要打一个大问号。

谢 琰

您解决了一桩历史悬案。而且,"江乡之游"的有无,会牵扯到几十首诗的系年和理解。加上文章的系年与解说恐有近百篇。

刘学锴

你说得对。我的其他几篇考证文章,也都与阅读、注疏、系年中遇到的问题有关,而问题的解决也大都与关键性文字、诗句的正确理解有关。我还想申明一点,就是我的新发现和前人研究成果之间的关系。比如以《李商隐传论》为例。从义山生平、行踪的总体轮廓来看,我所撰写的传,似乎与冯、张的谱、笺大体相同,差别不大。这也正说明了他们在义山生平考证方面做出了重要贡献。

正是由于他们的努力,加上岑仲勉先生的大量辨正,才使义山一生的经历有了较为清晰的轮廓。但如果将我撰写的传,与冯、张之谱、笺对读,便不难发现,无论是生平的许多重要节点,还是诗文系年、考证及对其意蕴的笺释,都有很多不同的结论和不少新的发现。另外,我叙述义山的每一段经历,都结合诗、文创作,尽可能细化、丰富化、切实化,所以我的义山传的许多具体内容,就与冯谱、张笺有很大不同。后人的考证、笺释,总是在前人基础上进行的,如果没有冯、张、岑所做的工作,我今天做起来会困难许多。后人的条件总体上较前人更好,理应将工作做得更细密、更精准一些。

具体的新考证结论,我作过粗略的梳理统计,大约有六七十项,涉及李商隐生平行踪、作品系年、诗文错简、版本系统等方面。关于诗文错简(主要是从《为尚书渤海公举人自代状》一文引申出来)和李商隐诗集版本系统,我都有专文考论,这里就不多说。我主要谈谈与生平、作品相关的考证。先以李商隐生年考证为例吧。过去主要有冯浩的元和八年生说、钱振伦的元和六年生说、张采田的元和七年生说。冯、钱各有所据,是因为李商隐在不同的文章中有关的记载本身有矛盾。张氏折中冯、钱二说,但所作的解释不可信。我以为唯一的出路,是在承认双方所据材料都无误的前提下,参酌其他有关证据,作出推断。我的推断是李商隐生于元和七年初,而裴氏姊卒于元和七年末。这样就既与裴氏姊卒时李商隐"初解扶床"的叙述相合,又与会昌二年李商隐重入秘省时距裴氏姊之卒"三十一年"之记载契合,而开成二年正月所作《上崔华州书》"愚生二十五年"之语也可得到比较合理的解释。特别是李商隐《梓州道兴观碑铭并序》中提及自己大中五年赴梓幕时正值"陆平原壮室（应为强仕）之年"，即四十岁，从这一年逆推四十年，正生于元和七年。这条证据，冯氏未见，而钱、张忽略。此外，我发现同年初秋《崇让宅东亭醉后沔然有作》一诗也暗用陆机《叹逝赋序》之典，亦可证明商隐大中五年确为四十岁。再说句题外话，李商隐那么善于用典，却把常用典"强仕"错成了"壮室"，这很有意思。

谢 琰

考证真是一项系统化的工作。您对李商隐各类作品都极为熟悉，综合排比，才能得出最无窒碍的结论。您常能通过对一句诗文乃至一个词语的读解，发现前人的错误和新的线索。反过来，您的很多考证结论，又可以帮助读者重新理解诗文语句。解诗和考证，二者是相辅相成的。

刘学锴

是的。比如诗文系年，会直接影响对诗意的把握。像李商隐名作《夜雨寄北》，很多注家都认为是寄内诗。但我发现，除了姜道生刊本《唐三家集》作"寄内"，其他旧本皆作"寄北"。而诗中的"巴山"，是义山在梓幕期间的诗文常用语，指梓州一带的山。而此时，其妻王氏已卒二年，何来"寄内"呢？其实不仅是系年了，其他有关名物、典故、人物的考证，也往往和理解诗意密切相关。比如《梓潼望长卿山至巴西复怀谯秀》诗中的"巴西"，其实指的是唐朝绵州巴西郡之巴西县，不是汉代的巴西西充，后者在唐代称果州。旧注误解"巴西",于是有种种穿凿附会的解释。如张采田牵扯到义山至东川访杜惊,这纯属子虚乌有。再如《别智玄法师》诗,智玄即知玄,《高僧传》里有记载,和义山有交往。因为诗的首句是"云鬓无端怨别离",所以冯、张都以为这位智玄不是高僧,而是女道士。其实,"云鬓"是指自己妻子,首二句说自己十多年来到处漂泊,屡次更改归隐山林的日期,与妻子长期别离,以至云鬓佳人怨别。所以整首诗是别知玄时的自我抒情,和女道士毫无关系。当然,穿凿附会的风气,批判起来容易,但真正自己做起来,也很难避免。比如义山名作《杜工部蜀中离席》,实际上学习了江淹《杂体诗三十首》的写法,仿效杜工部体,悬拟杜甫描写当年在蜀中离席上的所见所感,并不是在写自己蜀中离席的情感。程梦星、冯浩都不明白这一点,而是作出各种猜测,附会时事。《李商隐诗歌集解》初版中,我引大中六年四月党项复扰边之事以解读颔联和腹联,也是误解了。到2004年增订重排时,才改正过来。

谢 琰

听您举例子,我愈发感到解诗之难。我读《集解》,觉得受益最多的是每首诗集注、集评后面所附的按语。我相信很多读者都有同感。后来读您的专题论文,会觉得其中的某些重要想法、灵感,在《集解》中都有闪现。您可以谈谈这方面的写作心得吗?因为现在有些研究者的选题是本末倒置了。他们先有观念或方法,再去找材料证明或找例子演示。

刘学锴

你说得对。我在对一首一首作品进行笺解的过程中,有时会触动对某些问题的想法,然后再写成文。我有个体会:文学作品不能硬作,论文也不能硬作。如果没有对具体作品特别是代表性作品的感悟和理解,要想提炼出有意义的题目,恐怕很难。即使作起来,恐怕也不会有切实的发现。我自知短板很多。比如对佛、道二教,我基本不懂。我的理论思维也比较差。我真正感到下了切实功夫、有点自信的研究,还是考证方面。关于理论研究,如果一定要说心得,可能有以下几点:一是在选题方面,注意选取一些前人、今人没有或很少研究而又比较重要的问题。如李商隐和宋玉的承传关系以及感伤主义文学传统、义山诗与词体的关系、义山诗抒写人生感慨的特点、玉谿诗与樊南文的关系、义山的白描诗境等。别人探讨玉谿诗与樊南文,多注意其以骈文为诗的一面,我则侧重于谈樊南文的诗情诗境。别人多关注义山诗的沉博绝丽、用典对仗的精工等,而我对义山全部诗作了统计分类,发现白描是其创作手法与诗境的重要特征,且反映了义山本色,所以撰文专论。二是一些属于诗歌本体研究的论题,如咏史诗、咏物诗、无题诗、政治诗等,前人、今人多有论述。对于这些论题,我迎难而上,力求提出一些自己的见解,主要是结合这些题材、体裁的历史发展来谈义山的特点和贡献。这些讨论,我觉得对于我们全面理解李商隐、恰当评价其地位,是非常重要的。李商隐作为文学史上的大家,一定要用史的意识、发展的意识来研究他。无题诗属于自创新体,当然要研究,但作为一个大家,光有无题诗是不够的。他必须在一系列传统题材、体裁中都有一流之作和创造性贡献才行。三是我比较重视义山的个性，包括生活个性、思想性格、悲剧心态和艺术个性。比如我讨论他的咏物诗，明确提出从类型化到个性化的发展这一内容上的突出特征。还有，对他的诗的比兴象征和朦胧意境，人们注意得较多，但我比较强调他的诗的那种有意无意之间的寄托，包括许多名作，如《乐游原》《嫦娥》以及一部分无题诗。其诗歌意蕴的虚泛、多重，均与此分不开。四是在研究方法上极力避免穿凿比附、索隐猜谜，主张融通。义山诗歧解纷纭，其中固然有走火入魔者，但也有很多人是从不同侧面感受、阐释义山诗的丰富内涵，从而得出不同的解释，因此不必扬此抑彼、排斥异说，而应该在把握其特点的基础上从更高层面融通众说。我对《乐游原》《嫦娥》《重过圣女祠》《锦瑟》，以及一部分无题诗的解释，都力求融通众说。这会使诗歌阐释更富包容性、开放性，而不是追求定于一尊。

> **谢 琰**
>
> 　　进入21世纪后，您开始从事另一项新课题，就是温庭筠研究。从目前的成果来看，这就像是李商隐研究的缩小版，但仍然自具体系。您先后推出了《温庭筠全集校注》《温庭筠传论》《温庭筠诗词选》三部著述。您觉得，研究温庭筠和研究李商隐有什么不同？

刘学锴

我的温庭筠研究，尚未成气候。原因有二：第一，我下的功夫比起三十年治李义山，远远不够。第二，前人的研究成果和现存的文献资料所能提供的新发现的可能性很有限，很难得出比较多的崭新的考证结论。他的诗，流传下来的注本仅曾益原注、顾予咸和顾嗣立补订的《温飞卿诗集笺注》一种，疏漏很多，与义山诗有十多种各具特色的注本根本无法相比，尤其缺乏像冯浩的《玉谿生诗集笺注》那种精益求精的著作。他的生平考证也非常疏略。直到20世纪70年代末、80年代初，在陈尚君、施蛰存的文章发表以前，连他的生卒年也未弄清，其他生平经历中的疑点与空白点更多。他的词，研究成果比较丰富，但温词的单独注本也到近年才出现的。赋与骈文则一直没有人作过校注。我在温庭筠出生居住地、诗文系年、晚年生平事迹考证等方面做了一些工作，对其骈文也第一次全部作了注，当然还有不少疏漏，有待后贤匡正。我自己也准备对此作一次认真的补订修改，或许有较多的新发现。

谢 琰

高质量的作家研究会改变文学史的写作。根据您的研究，有可能抬升温庭筠的文学史地位吗？或者说，应该如何评价他的文学史地位？

刘学锴

文学史里写温庭筠，通常将诗、词安排在不同章节论述，骈文偶或一提,小说则缺位。学者研究温庭筠,也都是对其作品的各种体裁进行分割研究,这样就很难形成完整的印象。很多人只把他当作大词人来看待。现在,我把他的诗、词、文、小说合编成一部《温庭筠全集校注》,可能会有助于学界更综合、全面地去看待温庭筠,也许会提高他的文学史地位吧。温庭筠的诗,在晚唐不如小李杜,但显然超过许浑。现在管琴等学人写文章专论陆游七律的"熟",其实这个倾向从许浑就开始有了。所以,在晚唐诗四大家里,温庭筠应该排第三。再加上他的词、骈文、小说的创作,他的地位应该比现在文学史评定的更高。比如他的小说,用现代眼光来看,能被称为小说的不算多,但有些确实写得不错。像《陈义郎》《窦乂》《华州参军》,置于唐代一流小说里也不逊色。尤其是《窦乂》,塑造了正面的、成功的商人形象,意识很超前,写实的笔法也很高超。

唐音清赏,文献大观

谢 琰

您在整理、研究李商隐、温庭筠之余,又不断撰写或参与编写各种诗歌鉴赏书籍。据我所知,就有《唐诗鉴赏辞典》《唐代绝句赏析》《唐代绝句赏析续编》《唐诗名篇鉴赏》《古典文学名篇鉴赏》《历代叙事诗赏析》等多种。您对鉴赏的兴趣是怎样培养起来的?

刘学锴

  其实是很自然的事情。在北大，文学史课着重讲"史"。代表性作品虽然选了不少，比如《诗经》选了几十首，但课堂上最多串讲五六首。不过林庚先生不一样，他讲课神采飞扬，擅长对作品进行审美感悟和诗性阐发，有时一首诗能讲两个小时，我们听了很过瘾。这方面我受了一些熏陶，但学得不好，真正得他真传的应该是袁行霈先生。我总觉得，细读文本，特别是最有代表性的作品，始终是研究的基础一步。我到安徽师大之后，这里的老师都是以讲作品为主，把"史"尽量压缩，因为培养对象是未来的中学老师。于是，对于名家名作的分析、鉴赏，就成为我日常教学与研究的一部分。

谢　琰

  最近几年，您仍笔耕不辍，发表了《读唐诗名篇零札》等札记，还在中州古籍出版社出版了两巨册《唐诗选注评鉴》，您为什么要编这样一部大书？

刘学锴

  这和我自己年轻时的教学感受有关。我从"文化大革命"前开始接手唐宋文学课程。当时我就特别希望手边有一本像《唐诗选注评鉴》这样的书，除今人的注释外，把前人的注释、有代表性的评论都搜集好，又有编撰者的疏解、评鉴作参考，那我讲课就方便多了。我做完温庭筠那三本书后，实在不想总跑图书馆去做新的课题,又不能忍受闲暇无事的状态,于是就写了这本书。开始时计划的规模比较大,选了两千七百余首,基本把现存唐诗中的精品一网打尽,但精力实在有限,后来就压缩到六百多首。我觉得这本书对于中学语文老师和高校年轻教师可能有点儿用处。我对这本书的定位,就是切实有用。现在有些新的文本细读方法,我不会。我采用的完全是传统方法。而且我一般不大讲"诗法",诗法是后人总结出来的。若没有诗性诗情,光按诗法写诗,写不出好诗。我讲诗,就是一边解释,一边鉴赏,能够把诗歌意境传达出一二,就满足了。

谢　琰

您的名字总是和余恕诚先生联系在一起。1997年,您在《唐诗风貌》的序言中说:"这纯粹是一种纪念、一种对我们之间三十余年共事相知情谊永远不能忘却的纪念。"2014年,余先生去世了。您可不可以谈谈您和余先生合作研究的经历?

刘学锴

恕诚去世后,北大出版社出了三本纪念文集。其中《余霞成绮》这本书里,除我的《悼恕诚》外,还收了我的一篇文章《我和恕诚合作撰著有关李商隐的几部书稿的具体情况》,里面说得很详细,这是一种交代。

> **谢 琰**
>
> 您曾谦虚地说:"我不敢自诩为恕诚学术上的真知音。"可在旁观者看来,只有您的学问及您和余先生的情谊,才配得上"知音"二字。我想请您谈谈,余先生治学具有怎样的特点和魅力?

刘学锴

恕诚这个人,人如其名,既恕且诚。他擅长理论研究。他为人很谦虚,但实际上对自己要求很高。他私下里跟我说过,无论做什么都要与众不同。他的论著里,我最喜欢的是《唐诗风貌》。这本书里的文章,都是在切实感受基础上写的,文字也很漂亮,尤其是前两章。我和他不大一样,我比较侧重于融通,没有他那样事事追求独创的精神。但我们合作研究李商隐,基本上没有任何障碍。最能体现我们两人的合作精神的,应该是增订重排本《李商隐诗选》。当时《集解》已经完成交稿了,在此基础上修订这本诗选,与初版大不相同。《前言》中关于李商隐艺术特点的那部分,我让恕诚来写。他提出了"以心象熔铸物象"的观点。过去很多人都提过"心象",提过"物象"和心物关系,但"以心象熔铸物象"的提法,过去没有。我也不是特别懂,但我知道这是他的独得之见。对于李商隐一些具体作品的解读,我们有时也有不同看法,一般都尊重彼此意见。《李商隐诗歌集解》的第一稿是由我完成的,然后由他用铅笔在上面做修整、增删。抄改的时候,他抄改了一部分。其中有些篇章,我把握不定,就会询问他的意见。比如《辛未七夕》,过去张采田认为是为令狐绹而作,我不同意。我主张义山妻子王氏在大中五年春夏之间就去世了。恕诚就此提出一种说法:这是因为自己妻子逝世,于是连牛女一年一度的相遇都很羡慕。我觉得很有道理,就连带着将其他两首关于七夕的诗也照此处理。还有一些诗,我们会有分歧。比如《夕阳楼》,恕诚比较赞同纪昀的看法,认为此诗"不免有做作态"。1988年初版的稿子就依循这个观点,说伤了"浑朴之气"。后来做增订重排本,我不大同意这个说法。绝句,就是讲韵味的,不能用古诗的标准来要求它。甚至五绝都可以直白点,但七绝必须讲韵味、风神。所以我又将观点改过来了。总的来讲,我对他在理论研究方面的成就,是很佩服的。他的三部书,我觉得最能传世的还是《唐诗风貌》。他有时一年就写一篇论文。他编写袁行霈先生主编的文学史教材的晚唐几章,也特别认真,全力投入。这点我自愧不如。还有他上课,投入更多,讲得太好,我没法跟他比。

谢 琰

除了余先生,您和傅璇琮、陶敏、陈铁民等先生也有学术交往。您和这几位先生,都对唐代文学文献的整理做出了重大贡献,可以谈谈您与他们的交流与合作吗?

刘学锴

他们三位,我都很佩服。三位总的特点,都是偏重考证。傅先生是我们这个时代古典文学界和古代文化界的领军人物。他20世纪80年代初期出版《唐代诗人丛考》，是开风气的，走的是文史结合、偏重考证的路子。他花费很多精力主编大型书籍和参加公共事务，还是我们学校中国诗学研究中心的学术委员会主任，对文化建设贡献很大。陶敏先生我非常佩服。我最初接触他，是1990年在西安开会讨论重编《全唐五代诗》。他的考证非常细致、扎实，《全唐诗人名汇考》真是下足了功夫，很难挑出大的毛病来。他应该是我们这代人里面做唐代文学人名考证最有成绩的人，而且为人极好。说句不恰当的评价，他是"高级义务打工者"。他帮助别人做研究，不计较任何回报。比如岑仲勉先生校记的《元和姓纂》，郁贤皓先生请陶先生帮忙整理，他就投入很大精力。我们做《增订注释全唐诗》，陈贻焮先生让我和余恕诚主编第三卷。我们对人名考证远不如他熟悉，我就力邀他参加。他一口答应，甚至还说："我到你那去吧，我把资料都带过来。"我说："还是我把审订稿寄给你吧，你增改了直接送陈铁民就行。"所以第三卷里包含了很多他的考证成果。陈铁民先生也是偏重考证，主攻盛唐名家，成绩斐然。中国社科院文学所编的《唐代文学史》，他是主编和主力。他的《唐代文史研究丛稿》里有一篇十来万字的大文章《唐代守选制的形成与发展研究》，很见功力。最近我们一起做《增订注释全唐诗》的修订，他是总主编。原定的十个主编，白维国、彭庆生、余恕诚、陶敏四个已经去世了。现在统稿、审订都靠他一个人。我听他说，有位日本学者曾称赞《增订注释全唐诗》功德无量，他这才起意重新修订《增订注释全唐诗》，把近十几年的成果都尽量吸收进来。

谢　琰

期待这部大书早日问世！和您聊了这么久，我从中获益很多，相信广大读者也能得到启迪。最后，您可以用几句话总结一下自己的治学经验吗？

刘学锴

谈不上经验，只能算个人的感受。说三点吧。第一，笨人用笨功夫，也可以做一些有用的工作。第二，前人研究成果已经很丰富的研究对象，后人照样可以做出成绩，起码可以添砖加瓦、拾遗补阙。第三，如果自知才学、识见和时间都有限，与其蜻蜓点水，到处都沾一点，不如集中力量攻其一点。当然，是有价值的一点，而不是被历史早已淘汰的东西。若有余力，再旁及其他作家。

我自知先天不足，悟性不高，缺乏才气、识见，后天又学养不足，短板甚多。如果说我的某种成果可以传世，那是鼓励，是不实之誉。如果说我的整理和研究多少推动了文学史相关章节的改写，也许还差不多。任继愈先生谦称自己是过渡的一代，我只能是过渡的一代中最平凡但多少做了些实事的人。

谢　琰

您太谦虚了！作为后学晚辈，阅读您的著作，学习您的治学方法，体会您的人生态度，是激励，也是享受。再次感谢您！

刘学锴

不是故作谦虚,是实事求是。谢谢你!

(本文原载于《文艺研究》2018年第1期)

文学研究不是"摊大饼"

访谈人/刘剑

刘剑:采访主要分为两个部分:第一部分是"唐诗研究之路",主要谈您的治学情况。第二部分是"学术人生随想",主要谈您对当下学生读书的建议和对研究现状的认识,以及文学和文学研究在人生中的作用和意义。

唐诗研究之路

> **刘　剑**
> 首先,能否谈谈您是怎样走上唐诗研究之路的?

刘学锴

当时林庚先生让我写学年论文,题目都给我选好了,就写陈子昂,我也根据老师安排,看了陈子昂等人的作品。后来,林先生讲盛唐气象，让我读《全唐诗》，统计各个时期体裁的分布情况。我就趁这个时候，把《全唐诗》看了一遍。

> **刘　剑**
> 那您为什么主攻李商隐研究呢？

刘学锴

　　这是非常偶然的事情。人民文学出版社编了一套"中国古典文学读本丛书"，大约是1975年，出版社古典部的副主任带人来学校，希望我们编《李商隐诗选》，因为其他的一些比较知名的诗人都有诗选了。这就是我研究李商隐的缘起。跟我合作的余恕诚先生，他的研究重点是整个唐诗领域，但我耽误时间太久，年龄又大一些，所以我觉得不能把摊子铺得太开，就很无奈地压缩战线，把它压缩到这么一个很狭小的阵地上。

　　但是真正看了那些注文和材料后，从观点到材料，到作家的生平，到作品的系年，这里面问题还是很多，尽管唐代诗人里除了李杜韩柳以外，研究最多的就是李商隐。所以我当时就想先做李商隐的诗歌集解，因为说法太多而且互相矛盾，有的非常离奇，走火入魔的也有。正好我1979到1981两年本系没有课，在这之前一些基本的材料都搜全了，就把初稿写完了，大概有一百五十万字，然后请余先生一篇一篇看，看时他用铅笔在上面做一些记号，或用小字条写自己意见。我们两个再分头来干。1983年递交的稿子，到1988年年底才出来，等我拿到书已经是1989年了。

> 刘　剑
> 李商隐是您最喜爱的诗人吗？

刘学锴

　　从喜爱来讲，我受林庚先生影响比较深。他喜欢盛唐诗，连李杜二人也是喜欢李白甚于杜甫。我当然也喜欢盛唐诗，以前甚至想做王昌龄集的校注，但已经把李商隐的诗集整理出来了，那时年龄又大了一些，无可奈何，只好继续从事李商隐的研究了。李商隐的诗歌集解出来以后，确实发现了不少问题，特别是像江乡之游赠刘蕡诗这样的疑案，从岑仲勉先生提出疑问以后，一直没有解决。这些问题又较多地牵涉到诗文编年和阐释，极大激发了我研究的兴趣。历史上，特别是明代人喜欢贬低李商隐，认为他的作品非常隐僻，隐僻到好像不能读懂，我不是这个想法，我觉得不能要求好的作品都是那种一读就能懂的。以无题诗为例，尽管其内涵丰富，但并不是难以捉摸，前后次序调一下关系也不大，从文字上来讲，用典并不是很多。

　　当时正好是在改革开放的大背景下，过去李商隐的地位被压得很低，但事实上，他的诗不仅艺术特色鲜明，而且传统题材每个方面都有传世之作、一流之作。对这样的作家作品重新进行全面的梳理研究，我觉得是很有价值的。之后，我又把已经收集好的材料请余恕诚先生看，整理成资料汇编，后来又独力完成了李商隐文的编年校注，收获也很大。原来我以为只要注疏系年就可以了，但是在这个过程中发现了不少问题,为此我已经发了不少文章了,因为借助诗和资料汇编还有文的校注,写起来相对比较容易。最后李商隐的传论只写了两年,后来正好流行写接受史,我就尝试着把这方面的内容也写了一本书。

刘　剑
您对自己的研究方法有没有一些总结呢?

刘学锴

我肯定是那种最保守、最没有新意的。但林先生确实对我启发很大,因为我从本科起就经常去向他请教,每次他就点起一根烟侃侃而谈,谈他对作品的感受,这方面我受林先生的影响比较大。所以像《唐诗选注评鉴》,在高校是不能拿去评职称的,也不算任何科研成果,但只要初学的人读了之后觉得有些收获,那么我就感到很满意了。

我之所以没有采取评点式的方式,是因为那样的要求比较高。古代真正精彩的评点,可能就是一两句话,但是你要消化的话,就是一大篇文章。"神韵说"到现在没有一个人能说得非常清楚,所以我采取的是比较老实的方法——有一点感受,我就随文书写,看到一个地方写得还不错,我就加点文采多讲几句。

学术人生随想

> 刘　剑
>
> 您是知名教授，带过很多学生。当年北大名师汇聚，您就是跟着这些老师学习的。从求学的自身经历和教授学生的角度来说，您认为一个学生应该怎样读书呢？

刘学锴

这个问题从我自己的经历来讲就很难回答了，因为我耽误了近20年。《文学评论》上刊发了一篇张伯伟教授写的新中国70年来的古代文学研究的文章，他把20世纪90年代作为分界点，把这70年分成了两个时期，这一点我也很同意。我们虽然前后两个时期都在做研究，但整个路数基本上属于前一个时期。我们这一代人大体上都是守着自己一亩三分地的专家，其实连"专家"这个称谓也很勉强，因为研究的那些作品有的到现在还有许多未解之谜。这是没法与80年代有了博士学位以后成长起来的这批人相比的。他们读的书多，时间也多，各个方面条件也好，视野也宽，接触到的西方理论也比我们好。当然，现在也存在一些限制和约束。我总觉得，对从事人文科学的人，不能像对自然科学的人那样管理。现在北大相对比较自由，他们还能推行代表作制度，这一点在其他很多学校并不多见，如果学者未能申请到具有一定水准的课题，或连续几年没有学术成果，那他们就面临被淘汰的危险。我觉得这种机制存在着不足，因为人文科学的研究成果需要长时间的知识积累。

> **刘 剑**
>
> 确实,教育部门和各高校科研单位也在逐步改善现状。但是实际上作为现在的学生,通常会比较迷茫,不知道该读什么书。我们这代人没有经历过一个好的读书方法的训练。在这方面,您能不能给我们提供一些指导意见?

刘学锴

这个题目太大了。现在跟过去时代不一样了,过去是讲书香门第,现在试问有几个学生出身于书香门第?基本上没有。因为过去的人学习的面本身就很窄,你就叫他读《十三经注疏》,他也不是没有条件,但在现在是不可能的事情。从小学、初中到高中毕业,再到考进大学,没有太多时间念书,所以出身书香门第的很少。即使进了大学从头读起,读通《十三经注疏》也是不可能的,除非能保证活到100岁,而且80岁以后还能开花结果,这个没有人敢冒险。但是最精要的东西,我们这一代人也缺乏,除《十三经注疏》外,《老子》《庄子》等书也得了解,这些篇幅也不大。这样源头性质的文献假如说你一点都不知道,那你做任何一段的文学研究都很困难。我从1978年以后招研究生也有这个问题,他们阅读仅盯着专业,比如研治魏晋南北朝隋唐五代文学,就把这一段的有关历史文化背景的书大体上翻一翻。我的学生邓小军算是读书读得最多的一个,作为他的老师,我读的书绝对没有他多。除了本方向的书,他还读了很多先秦的书,但是这样的学生如凤毛麟角。另外,像我们这些人，不管其他方面条件怎么样，至少我对文学有兴趣，那时候读文学也好读理科也好，待遇都差不多，不存在收入悬殊的问题。但现在人文科学和社会科学不一样了，人文、社会科学和工程技术科学就更不用说了。这样一来，我就发现了一个现象。比如我教的某届学生，几乎没有一个人报考师范大学研究生，没有一个人把中文系当作第一志愿。不管自己是不是喜欢中文系，但他绝对不想读中文系，他们现在从事的都是金融、经济方面的工作，这就是社会风气的变化。人文科学本来就要有很深的积累，像钱锺书那样的学者，现在基本上没有了。

> **刘　剑**
> 现在社会上偶尔也会泛起"一代不如一代"的声音，这种声音也渗入到学界，您是如何看待这个问题的呢？

刘学锴

不能那样要求，每个时代都有每个时代的不同情况。能够卓然领衔于一个时代的学者，只能作为一种奢望。万一哪天有一个人对文学和文学研究很有兴趣，而家庭环境又允许他这样全身心地去投入，也许会蹦出来这样的人物。多数人还是要根据自己的基础和爱好选定一个稍稍集中一点的领域，长期地去专攻，那样效果会好一点。但是现在好像很多人什么文章都能写，我一方面很佩服，一方面很奇怪，因为这好像是不太可能的事情。这几年的杂志我都自己自费订阅，但那种让人看了能够眼前一亮的文章很少。

20世纪90年代以后,文学研究涉及的面广了,不仅仅局限于古典文学本身,也不像过去只注重那一点点历史。文化社会学也好,文化的古典研究也好,面铺得很广,好像摊大饼,饼摊得很快,最后回不来了,中心那一点文学本身的东西却没有下功夫。

古典文学研究就某些个别的人而言,可以有一些自己的侧重点,但整体来说,要以经典作家作品,一二流的作家作品为主。现在研究内容有些碎片化,有的对象毫无意义,也被翻出来研究。跟研究历史不一样,我到某个野外捡了一块秦砖汉瓦,可能研究出一些新成果来,但是文学作品假如本身是垃圾的话,那它就是垃圾,不可能变废为宝。现在研究生那么多,连本科生也要写毕业论文,又要求创新,只好写人家不屑于写,本身又毫无价值的东西。但这样下去,一个很显然的结果就是这些年对大作家、大作品的研究一直没多少大的进展。

刘 剑

您说的是。如果基础研究比较差,只在研究对象上作拓展,或是变换视角,这样的做法对整个研究来说不仅不是进步,反而是种退化。

刘学锴

材料还是那些材料,解释还是那些解释,换一个角度就展示出一篇有创新性的文章了,这不是骗人嘛。我总觉得还是要从作品本身做起,无论是用老的评点的方式也好,用论述的办法也好,反正得把作品读懂读透，但是现在能够在这方面下功夫的人太少了。

> **刘　剑**
>
> 　　现在社会上老是在谈论一个功利的问题，有些人对中文系并没有太大的兴趣，觉得文学是无用的学问。能否请您谈谈，文学和文学研究在您一生当中所起到的作用或者意义。

刘学锴

　　2018年我回安徽师大参加校庆，经常有人问我两个问题，一个就是为什么从北京跑到安徽去，一去就是四十年而且也不想回来；一个就是我现在的生活目标。我可能还是想当大学老师，而且还是中文系的老师。我在做研究的过程中没有任何痛苦，尽管有时候感到非常累，因为搜集资料不像现在这么方便。但是心情是很愉快的，因为这个东西我自己喜欢，一边做学问一边欣赏，就像看戏一样，百看不厌。所以，古典文学研究，特别像唐诗研究，至少我精神上很愉悦，从这方面讲我这一生没有任何遗憾。

　　如果有下辈子的话，我还是会研究文学。在学校工作时我有个习惯，每一年我会把所有知名文学杂志都翻一遍，挑好的作品和文章来读。我觉得有了文学之后，人的生活要丰富很多，特别是读好的作品。我不主张文学过多地宣扬那些恶的、丑的东西。我觉得人性无善恶，也可以说既有善又有恶，那么，现在花那么多力量来展示恶，是自己跟自己作对，把自己降为动物。那些东西能让人产生对社会、对生活的兴趣吗？不太可能。所以，我主张文学作品尽可能表现真善美的东西，这样，人生过得才会有些亮色。

（本文原载于《光明日报》2021年03月15日第13版）

潜心温李四十载　热爱唐诗一世情

访谈人/韩震军

研究对象的选择与结缘李商隐

韩震军

　　刘先生，您好。首先祝贺您10卷22册1200余万字的《刘学锴文集》成功出版。这是一笔宝贵的学术财富。值此《文集》出版之际，我受《安徽师范大学学报》委托，对您做一次学术专访，期盼听到您的读书治学经验和体会。

刘学锴

　　谢谢！你写的专访提纲真是下了功夫，可我读了以后第一感觉就是当不起，我的著述就那么一小块领域，那么点东西，值得那样大张旗鼓来宣扬吗？读书治学经验谈不上，这一点我在《文艺研究》那篇专访中已经用两个"笨"字概括了。

> 韩震军
>
> 学界公认您是"唐诗知音",总览您的《文集》,内容主要集中于唐诗研究。您能否谈谈自己是怎样一步一步选定唐诗作为研究方向的?

刘学锴

我在北大十一年,最大的收获就是自知懂得太少,短板太多。这是大实话。从大学二年级开始,我就定下研究唐诗的目标,这一点一直没有变。因为我是古代文学的课代表,每两个星期就要同游国恩先生、林庚先生见一次面,一聊就是个把小时。一开始,选择研究唐诗,理由特别简单,就是因为喜欢,喜欢它的浓郁的生活气息、情韵、风神和意境。先秦汉魏六朝的诗,我最喜欢的是《古诗十九首》和陶诗,但是这些诗,自然天成,无法言说。你知道它好,但说不出来它怎么好。唐代除了李白诗以外(李白有些诗也是很难说的,你知道他写得非常好,但是无法用言语诠释),大多数诗歌既鲜活又可以言说。硬作出来的诗,或者故意跟人家争强斗胜写的诗,多半没有诗情,我不大喜欢。这种诗诗歌史上太多了,你研究也好,不研究也好,它都会自生自灭。所以我想研究唐诗的志愿一直未变,只是由于大家都知道的原因,中间中断了最宝贵的二十年。当然其中有一点小间隙,1960年到1962年相对好一点,你看我在"文化大革命"前写的文章就知道,1957年写的一篇文章刚一发表,后来就没了,到1960年以后才写了几篇小文章。

韩震军

> 唐代诗歌是您早年就已确立的研治领域,但据我所知,您发表的第一篇论文《〈长生殿〉的主题思想到底是什么?》并不是有关唐诗的,而是属于明清传奇方面的探讨。您的第一篇论文是在什么背景下完成的?它与唐诗研究又有着怎样的关联?

刘学锴

刚才你提到关于《长生殿》的文章,那是很偶然的,它实际上是我大四临毕业时写的。那一两年,《光明日报》"文学遗产"专刊正在集中讨论《长生殿》的主题,好多现在我们称之为重量级的学者,包括程千帆、周来祥、宋云彬、徐朔方、袁世硕、陈友琴、许可等一大批专家都写了相关文章。我那个时候在班上正牵头弄一个古典文学研究小组(有时候还出一些科研壁报,就是写好后贴在墙上让大家看),文学史课又正好教到清初传奇,而且我也正巧读完孔尚任的《桃花扇》和洪昇的《长生殿》,对《长生殿》的主题有些想法,于是就把它作为学年论文的题目,怀着初生牛犊不怕虎的心理,写了这么一篇大约12000字的文章投给了《光明日报》。《光明日报》"文学遗产"专刊一个星期出一期,一期整个版面也就一万多字,一个刚出茅庐的年轻人写的12000字的文章,在上面怎么刊登呀?编辑部让我砍掉一半,削成一篇6000字的文章,登出来的时候已经是反右运动前夕,1957年的四月份了。后来,这篇文章还被收入人民文学出版社编的《元明清戏曲研究论文集·二集》里。这个,我倒没想到。现在看来,它当然极其幼稚,光秃秃的,连开头的简单交代都没有就直接入题,但从中多少可以看出那个年代年轻人写文章时俨然真理在握的样子。那时的《光明日报》"文学遗产"专刊很注重培养、扶植青年人。当时的主编是陈翔鹤先生,他和我们北大中文系主任杨晦是好朋友,他们一起办过《沉钟》。有的时候我们去开座谈会,他还拿钱买水果给我们吃。其实,说到底,这篇文章与唐诗还是有联系的。因为在讨论《长生殿》之前的1955年,开展了一次比较集中的《长恨歌》讨论,由褚斌杰的那本书引起的,没有《长生殿》讨论规模大。所以,看似我越界研究,归根到底,并没有越界。

韩震军

在选择研究对象上,一个人的喜好固然重要,但仅限于此显然是不够的。在您看来,作为一名学者,确立自己的研究对象主要应当注意些什么?

刘学锴

选择研究对象,就我个人而言,最初带有自知的时间无多,不得不压缩战线的性质。我重新回到安徽师大时已经40岁,到系里我的第一句话就是:"我工作的时间不多了,但我会努力地去工作,并做点科研。"当时的年龄提醒我不能把摊子铺得太大。但是对于多数人,特别是像接受过系统正规教育、中间没有耽搁的人而言,我个人的看法,在正常情况下,还是要选一、二流作家作品,而且最好是那种前人已经研究得相当多,但是分歧又很大,里面问题很多的对象。我最近正好看了彭玉平的那篇文章(即《彭玉平教授访谈录》,见《名作欣赏》2021年第10期——《安徽师范大学学报》编者注),他是不主张这个,他认为应该避开这些东西。我的想法不大一样,特别是从李商隐的研究中体会到,还是应该研究大家,起码是二流作家,就是经典作家作品或者至少是优秀作家作品。就李商隐来说,同一首诗那么多的纷歧异说绝不单纯是由于隐僻难懂、用典太多的问题,而是因为他的诗在意蕴上本身就具有的特质。而这种特质,正是他独特艺术成就的奥秘所在。

  说起对经典作家作品(至少是优秀作家作品)的研究,我们安徽师大中文系1979级的陈强(江弱水),我认为是历届学生当中最有潜力在古典诗歌研究方面做出一流成绩的学者之一。他非常聪明,对诗有超人的领悟,能写新诗,旧体诗也能写,文笔潇洒给人以享受,读书多,会外语,学比较文学出身(他的优势和短板都在于此),视野宽,现在已经写了十来本书,本本可读,许多方面已经可以当我的老师了。他好像什么都能写,而且一写就写出新意。我劝他两条:一是从现在起就保持身体健康,让自己活得够长,至少能够写到80岁;二是捏紧拳头,争取多出几个可以传世的拳头产品。他对杜诗很感兴趣,现在正准备做一个新选杜诗三百首,我想他一定会有自己独特的角度,谈出自己的想法。这也正是说明,即使像杜甫这样的大家,从宋代开始就有千家注,到后来越来越多,清代注家更不要说,钱谦益、仇兆鳌、浦起龙、杨伦、黄生等。他们所注说的杜甫,还是封建社会后期文人眼中的杜甫,是不是封建社会最鼎盛时期、最具活力时代的杜甫,很难说。面对这样的情况,现代人被吓回去了,认为该说的、可说的话都被他们说尽了。新中国成立以后,杜甫一路走红,可检点一下学术成果,却只有研究西洋文学的冯至的《杜甫传》和擅长传记文学的朱东润先生的《杜甫叙论》。在那三十年中,真正主要研究杜甫的恐怕只有萧涤非先生一人,以致我们现在还不断引用他的话。"文化大革命"中郭老的《李白与杜甫》,有特殊的政治背景,可以理解。新时期以来,有专门的学会、学术刊物,应该说发展条件很好,但是到现在为止,除了"北陈南莫"(北京大学陈贻焮、南京大学莫砺锋)两部各具特色的《评传》外,看不到比以前进了一大步的或者明显有创见的研究成果。四十年过去了,大家公认的杜甫研究专家也没有,整体研究水平未必超越"文化大革命"前人民文学出版社编的几本《杜甫研究论文集》。重要的整理成果就是山东大学牵头的《杜甫全集校注》,再加上谢思炜的《杜甫集校注》。这是因为,改革开放这四十多年,很大一部分人把主要精力花在编大型断代、通代的各种各样全书、大典(这是必要的,对以后的研究开展有大用处)、考证、辑佚、辨伪、资料汇编上。真正坐下来像葛兆光那样一门心思弄思想史的人实在没有几个,以至于我们现在写杜甫的文章,好像可引用的不多。此外,就是变来换去的"新三论"、宏观考察、洋方法,直到普遍的碎片化、脱离作品的泛文化研究,对大作家作品并没有作深入系统地研究。其实我认为,真正有基础,又肯下功夫的人,是会做出自己的拳头产品的。所以我觉得我们年轻的学人应该树立信心,相信对名家名作和大家的研究还有很大空间。

总之，研究对象的选定首先要考虑他的艺术成就、艺术价值。其次要考虑他的研究空间和余地。也许你最初认为已被开发得连残余都没有的弃矿，深入下去就是一座富矿。三是个人的艺术兴趣，包括个人的气质是否与研究对象比较吻合。让你和一个你不喜欢的作家"结缘"，而且一过就是几十年，那是受罪。研究者再客观，也有自己的偏好。当然，首先你要喜欢你的研究对象，愿意同它结缘。我就是和李义山"结缘"了一辈子。如果你觉得心甘情愿，不妨试一试。

韩震军

唐以降，李义山一向不太为学者所看重。20世纪50年代初至70年代中期，是您逐步确立自己主攻研究对象的时期，也正是李商隐遭到冷落，甚至为人批评的阶段。在此背景下，您是如何和李商隐结下不解之缘的？

刘学锴

"结缘"这两个字用得太好了。20世纪五六十年代，也就是我在北大读书、执教时期，李商隐基本上是处在被边缘化的位置，时不时地还要挨批，说他唯美、不关心政治，甚至把他打入反现实主义阵营。我到现在也不懂，为什么说他是反现实主义的？可当时就是这样提的。恐怕很少有人通读过他的诗集，如果通读过，你就会发现像《行次西郊作一百韵》这种作品，连清代的皇帝都赞扬他关心国家命运、民生疾苦，我们却不能容忍他，这就很奇怪。我记得我刚入学的时候,向我们浙江籍的吕德申老师借《闻一多文集》中的一本《唐诗大系》,并且顺便跟他说了一句"我特别喜欢李商隐的《夜雨寄北》",他听了不作声。可能那时候李义山在人们眼里就不大关心现实、突出政治。其实,我想吕先生也还是很喜欢这个东西的,但是他可能不大鼓励我过多注意这种非政治化的东西。我读研一时买过一部冯浩的《玉谿生诗集笺注》,但是很遗憾没好好看。因为整个明朝的那些诗评家都把李商隐贬得厉害,说他的诗"隐僻""晦涩"。其实,我后来编《李商隐资料汇编》时发现,有好多人读书的面非常窄,就是几个主要的选本,根本就没通读李商隐的诗。这里面真正比较公允的就是胡应麟、胡震亨,还有许学夷,他们用的功夫多一点。后来,连鲁迅也说,玉谿生虽然清词丽句,但是用典太多,"则为我所不满"。我读研一时挑专书选读,从三曹、七子读到陈子昂,反右运动就开始了。在这种"气候"条件下,自然跟李商隐结不了缘了。

真正开始和李义山结缘,说来偶然。"文化大革命"前,人民文学出版社编过一套"中国古典文学读本丛书",从《诗经选》到《红楼梦》一共二十五种,作者都是我们的师辈。这一套书也是各段研究生都必须通读的基本书(重点研读的当然还是各段一、二流作家作品),可是这套书的唐诗大家选集中就是没有李商隐诗选(据说毛泽东主席最喜欢"三李"诗),李白诗选后来复旦补上了,于是人民文学出版社特别请古典部主任亲自外出组稿,要编注李商隐诗选,也不知什么缘故,找到了我们这么一个非常普通的学校的两个无名小辈(我和余恕诚)。其实,我当时年龄已经不小、四十出头了。

所以这个"结缘"很偶然。当然,这以后改革开放了,政治生态、学术环境、审美观念大变,打入冷宫的对象成了热门课题,我自己也被激发出了兴趣,就欲罢不能,成了我整个30年的专攻对象了。

治学方法的应用与李商隐诗文研究

韩震军

说到您和余恕诚先生的学术合作,据我所知,真正具有合作意义的当数《李商隐诗选》初版和《李商隐》。您能否谈谈这两种成果的合作方式?您又是如何看待初版本《李商隐诗选》的?

刘学锴

我和恕诚最初的也可以说是最重要的合作还是1977年完成的《李商隐诗选》(初版本)和1979年完成的《李商隐》小册子。那几年,我们基本上没有别的事情。《李商隐诗选》是我校版本异文、定选目,每篇的注释、对诗的阐释评论则分工做,然后互相讨论修改。我下笔比较快,他思考得比较深,所以我就多写一点,他就磨得细一些。《李商隐》完全是平均分工,各写四章,基本上互不干涉。书出来了,当然有点欣慰,但是后来更多的是感到遗憾。从1963年我在北京发表《王昌龄七绝的艺术特色》一直到1978年8月《李商隐诗选》初版,十五年时间什么也没有做,一大段空白。《李商隐诗选》

参考凭借的东西太少，主要就是朱注、辑评、冯注、张笺和岑氏《平质》，除了陈尚君先生说的"很复杂难解的诗，讲得晓畅明白，揭示晦旨，曲传隐意，很是方便初学"这点凡是选本都应具有的特点外，基本上没有自己的看法。"编年诗"一栏，基本上抄冯谱，读者如果问系年依据，根本说不上来。选诗也过于小心，一些艺术水准很高，但思想感情不特别积极向上的多弃而不取。所以我从1976年《李商隐诗选》稿子刚送到人民文学出版社，就下决心要写一部《李商隐诗歌集解》，既尽可能地搜集从唐至今的校、注、评、笺和考订成果，又力求有自己的考订、阐释成果。

韩震军

您本着对学术的完美追求，在《李商隐诗选》完成后，又马上投入《李商隐诗歌集解》的撰写中。《李商隐诗歌集解》于20世纪80年代、90年代分别在大陆和台湾出版，又于2004年增订再版。这部被称为李商隐研究的"扛鼎之作"，已成了古代作家别集整理的范式。您是怎样看待"集解"这种方式的？作为别集整理研究类著作，您又是如何做到既符合传统实际，又富于个性化见解的？

刘学锴

集解这种整理方式很古老，但是用在李商隐诗的整理上特别适合，因为他的诗解释特别多而且分歧大。如果都是那种刻意让人读不懂、很晦涩的烂诗，那也就算了，你不去读就是了（当然，作为研究者,还是应该努力有个大致不错的解释),偏偏他那些写得最好的诗,尤其是那些字面上很通俗、很好懂的诗歧解纷纭、分歧非常大。三卷本宋本第一篇《锦瑟》,假如把它的全部诗解自古至今收集在一起,恐怕起码在10万字以上。《无题》和大家熟知的《乐游原》《嫦娥》《梦泽》《楚吟》《夜雨寄北》《圣女祠》《重过圣女祠》《齐宫词》《有感》(非关宋玉有微辞)、《春雨》《银河吹笙》《屏风》《宫妓》《宫辞》《霜月》,也众说纷纭,谁也没有把握认定谁对谁错,所以这就要求整理的人客观公平地对待各种异说,让读者自己参与进来,跟整理者一起做判断。集解的方式对李商隐诗整理而言是势所必然,不能先入为主,一开始就当审判员,要讲阅读阐释的"民主集中制"。当然这样做会很费时费力,在20世纪70年代末80年代初,绝大部分资料是靠手工抄写、到处寻访的方式搜集的,从1976年到1979年,花在搜集资料这一项上面的时间起码有一半左右。这也碰巧了,除了1977年我还在教1975级的课,1977、1978那两年我都没有本系的课(只有夜大两个大班近四百人的课),有大把时间可以用来搜集、抄写资料,但是这种笨办法有一个最大的好处,就是让我对这些资料比较熟悉。

  我做《李商隐诗歌集解》有几条原则:一是无论是校、注、评、笺,最后都要有自己的按断,有自己的看法,不能止于罗列众说,按而不断,对重要作品的系年考证和阐释还要力求其详,不但解释内容意蕴,还要谈艺。总而言之,力求把整理和研究结合起来。这一条,在文学古籍的整理当中不是很常见。另外,古人作注讲求最早出处,这没有错,但是他们对后代的出处往往不要,我认为最对榫的那个出处最能准确释义。有时候同时代的人的某一个词语的用法,可能更能说明问题,因为这个词,在当时都这么用或大部分这样运用;时代稍晚一点的也可以引用,作者自己的作品提供的例证更有说服力,这些是活证据。所以我们作注比较开放,不受最早出处的限制。还有一点,古人治经有条规矩,就是疏不破注,我们做《李商隐诗歌集解》没有这条规矩。这里众说纷纭,谁对谁错,对几分肯定几分,不对的就舍弃。像程梦星对《曲江》每一句的解释,颇为牵强附会,但是他对这首诗总的按语挺不错的,我们就用了他那个总的东西,每一句下面的解释统统删掉。总而言之,实事求是,不主一家。我不知道这算不算你说的既符合传统实际又有个性化的见解。

韩震军

《李商隐诗歌集解》《李商隐文编年校注》看似仅是对一个作家别集的整理,即"攻其一点,不及其余",实际所涉内容"经、史、子、集"兼及。您在治学中如何理解和处理点与面的关系的?

刘学锴

点面关系,因人而异,有不同层次。书香门第出身而又喜欢做学问的人也许很早就熟读了四书五经、老庄、《左传》,甚至前四史、《资治通鉴》,但这样的人目前可能难觅。即使是考上北大、清华的"学霸",上大学前有比较系统传统文化知识的恐怕也极少。绝大多数对研究传统文化、古典文学感兴趣,而家长又不计较子女以后社会地位、经济收入的,也只是入学前读过一些小说,入学后立志研治古典文学的,才在老师指导下比较系统地读一些文学总集和一、二流作家的别集。四年时间那么短,所以阅读面多局限于文学,很少顾及经、史、子部的经典,更不要说佛、道二教的书了。范围既窄,也不可能作深度阅读。现在本硕博连读的情况可能稍好一点。从现实出发,恐怕只能是对一、二流作家作品作浏览式阅读。我上学的时候基本上是这种状态,读自己最喜欢的《全唐诗》,也只在读研一时浏览过两遍,但就这点阅读面也比除了老师发的讲义什么也不看的好,所以我个人的点面关系处理是有大缺陷的,专业基础就有明显的短板。比较现实的面上阅读,应该力求把《论语》、《孟子》、老庄、诗骚、《左传》、史汉、《文选》这些源头性的书通览一遍。这些书,不但形成一个人的世界观、人生观、伦理观,还潜移默化地影响一个人怎样为人处世,即要有追求,但不能太贪心。对做学问的人来说,有些经典你不去碰它,它会来找你。我上大学时,《左传》学过十来篇名篇,但没有全读。20世纪90年代,我做《李商隐文编年校注》,一些典故里的同人异名就弄不出来,去请教蒋立甫老师,问是否有《〈左传〉人名索引》之类的工具书,他说没有,我只好请恕诚让他的研究生用电脑查。所以我劝年轻的研究古典文学的同道做个计划,一年读几种,十年差不多就可以读完这些源头性的书了。像《庄子》这种书,恐怕还得找有研究的导读书。

韩震军

20世纪末,您在回顾自己的李商隐研究历程时说:"迄今为止,我所做的李商隐研究,主要是对玉谿诗和樊南文的校勘、注释、笺解、系年考证,商隐生平仕历考证,以及研究资料的搜集汇编等基础性工作,理论研究和作品鉴赏虽也做过一些,但不占主要地位。"从您着手李商隐研究的1975年到20世纪末,前后历时25年。二十多年来,您始终坚持做李商隐诗文集的整理,而不急于撰写理论研究文章。在您看来,文献整理与理论研究之间的关系是怎样的?

刘学锴

这好像是我在1998年北大办的那次规模很大的香山国际汉学会议上说的一段话。当时《李商隐诗歌研究》刚出版,收了16篇文章,有考证方面的,也有理论探讨的;《李商隐文编年校注》已经全部写好了,但是三个月以后才交稿;《李商隐资料汇编》已交稿,尚未出版。做《李商隐文编年校注》积累的考证成果还来不及整理加工成文,最重要的《李商隐诗歌集解》(增订本)及带总结性质的《李商隐传论》还没开始进行,也就是说最重要的成果都集中在21世纪的最初五年。但是有一点是很明确的,深度整理(研究性的整理)是基础的基础。就像建筑物的地基,越深越坚固,整个建筑就越牢靠。基础之上,还有整体间架、零部件,就是一篇一篇作品的内容、艺术阐释。它们是躯体、血肉,没有它们,构不成整体建筑。这个工作我比较重视,前前后后,做过上百首诗的阐释鉴赏。多数古籍整理著述对这个非常重要的环节比较忽视,认为我注出来了,有必要的考证我也考证过了,剩下的是读者的事,不是我的事。所以他一般不做这个事情。殊不知,你自己就是这个书的第一研究者和第一读者,责无旁贷。所以这个工作我还是注意做的。像《行次西郊作一百韵》按语,在增订本《李商隐诗歌集解》里也有千把字吧。最后才是理论研究和概括,是建筑的整体风貌、精神和灵魂。值得自慰的是,这三个步骤,整个过程都是由作者自己承担的,没有层层转包。我体会程千帆先生说的考证要跟批评结合,这个批评既包括对每一篇作品的阐释和评价,也包括对整体的研究评论。前两项工作做得越细致、越扎实,后一项工作就越得心应手。诗文整理考证及单篇作品的阐释鉴赏下的功夫越大,那么后面总结性的成果便能更加迅速地得出。"李氏三书"(《李商隐诗歌集解》《李商隐文编年校注》《李商隐资料汇编》)我用了20多年,但是我写《李商隐传论》只用了2年时间。因为好多东西基本上都已经成形了,这是水到渠成的事。我几乎所有的考证文章和理论研究文章,都是在整理过程当中发现而且已经有初步想法的。在做诗歌集解、文章校注及资料汇编的过程中,我对李商隐的诗文也不知道读了多少遍,就像一个老熟人、老朋友、老伴,把他的一切东西都盘熟了,就比较容易发现问题、解决问题。见到一个老熟人,他讲这句话,你会联想到他的另外一句话,他写这篇文章,你可能会联系到他的另外一篇文章,这个光靠电脑是不行的。

韩震军

> 古籍整理性阅读不同于一般的阅读,在您看来,它对古代文学研究意味着什么?

刘学锴

古籍整理的阅读,虽然不一定就是深度阅读,但是绝对是最细致的阅读。你不能投机取巧,该注的不注,装作没看见,偷偷跳过去,都不行。你得一个字一个字地去抠。我的第一篇重要考证文章《李商隐开成末南游江乡说再辨正》就是从一个"后归"的"归"字上抠出来的。人家明明已经回来了,你却说他刚刚去,还在路上,这个不矛盾吗?然后就发现了一系列的问题,最后还去查对冯浩、张采田他们引用罗衮的疏跟原文的不同。问题就是这么解决的。第一篇理论研究文章《李商隐与宋玉——兼论中国文学史上的感伤主义传统》也是作注时发现的问题,再联系他诗文整体风格、情调,进而联系整个文学史上一系列作家作品而完成的。在作诗注的过程中,我发现义山老用宋玉自况,后来又知道不但李商隐自己个人受到影响,而且整个文学史,从宋玉一直到《红楼梦》,都有这么一个传统在里面。那时学界正在提倡宏观考察,于是我就写了这篇文章。

这里我要特别提到文集校注的全过程对一系列考证文章所起的作用。比如我注意到,从大中五年到九年,李商隐在梓州幕府期间,代一个叫张潜的人写过两篇给幕主的谢启《为同州张评事(潜)谢辟启》《为同州张评事(潜)谢聘钱启》。这两篇向来未编年,我是从文章中的"荣自山阳,来临沙苑"考证出来的,幕主是新任同州刺史的郑祗德,他的儿子郑颢是会昌二年的状元,张潜第二名。考证出来后,就有问题了。这个人在长安,李商隐远在梓州,他为了这几百字的两篇启文,不远数千里往返去请李商隐来作,这个不可理解。所以最后考来考去,发现他梓幕期间回过长安。这个问题曾国藩在《十八家诗抄》里面曾经提到过,他说李商隐曾经回京过一次,但他没阐述,只是读两首有矛盾的诗的直感。于是我写了《李商隐梓幕期间归京考》。这篇总考证里面套了七八个分考证的文章,复杂的程度远超我的想象。每一个问题都要细细地去考,哪一个问题不解决都不行。这个我印象比较深。还有一篇文章,我觉得也很有意思,就是发表在上海《中华文史论丛》的那篇考证文章。义山文集中有一篇《为尚书渤海公举人自代状》,这篇文章从题目看是为京兆尹高元裕代拟的,但是状文里面提到的举以自代的两个人,根据用的那些典故,时间下限已经到了会昌六年三至八月,高元裕那个时候早已不当京兆尹了。这是怎么回事呢?后来才发现前后紧挨着的两篇文章分别是写给两个不同的京兆尹的,肯定是抄手或者刻工把前面的题目抄刻后,直接连上了后面那篇文章的正文,而前面文章的正文和后面文章的题目都丢了。这显然是前后两篇文章拼接起来的文与题脱节的文章。这个讹误考出来我觉得意义也不是很大,但是联系到李商隐诗集,里面有很多诗都有这个情况,包括他最著名的《无题》诗。经过这个例子的考证以后,我发现他不少所谓的《无题》诗是前面的题目和后面的失题诗连起来造成的,这样数下来,最后真正可以认为是《无题》诗的只有14

首,其他6首都不好说,或者说得干脆点,都是有题诗,只是它的题目佚失了。再看那14首《无题》诗,一个总的情况就显现了,就是它们与混进去的杂七杂八的诗不同,写的都是男女之情,都跟恋情有关,或者至少是和女子有关。这是一大收获。看似是对两篇文章的考证,但是它牵涉的面很广,所以这篇考证文章有时候起的作用还是挺大的。

有时还得作细致的实际考察。比如说李商隐妻子王氏亡故的时间,学界有不同的看法,有的说大中五年,有的说大中六年。当然大中六年是冯浩编年编错了,理解有误。就是大中五年,有的说在夏天,有的说在秋天。主张秋天的,有不少根据,但是我认定是在大中五年春末。为什么呢?义山有一首悼亡诗《房中曲》,开头两句"蔷薇泣幽素,翠带花钱小",这明明写的就是初开时的蔷薇花,上面还沾着露水。我不但举了一系列书证说明蔷薇花开的时间,而且连续四年观察我楼下院子里的蔷薇花开放的时间及初开的形状。基于这些观察和书证,我肯定这不是夏天或秋天的蔷薇。这类熟悉加细心的例子有很多。

考证结论一改变,许多诗的系年、内容意蕴阐释随之改变。这种改变和冯浩、张采田所作李商隐年谱逐一对照,就可以发现大的轮廓(比如何年到什么地方做过幕僚)还是冯、张定下来的,但是实际内容有变化,细细地看那些诗文的系年及阐释情况,会发现不一样的诗文少说也有六七十篇(实际上恐怕接近一百篇)。这是写考证文章的最大收获,也是最终目的,不是为了考据而考据。

韩震军

您对李商隐研究"欲罢不能",把他作为自己数十年的研究对象,您能否谈谈义山最吸引您的方面?您提出的"纷歧"与"融通"说法,已经被许多学者应用。《李商隐诗歌集解》从初版到增订本的一些细微变化,也彰显着您与他人、与自己前后见解的"纷歧"与"融通"。所以,能否这样理解:您的这种提法,不单是一种研究方法问题,还是一种学术境界追求?

刘学锴

我觉得前人对李义山诗的认识长期以来比较表面,只注意他的诗歌语言比较华美绮丽,而忽视其内容意蕴之丰富多重、情感之深厚绵长、抒写心灵世界之深微曲折、意境的飘忽迷蒙,特别是他特具魅力的白描境界。从五代韦縠的《才调集》选义山诗四十首均为风格绮艳之作开始,到北宋真宗朝西昆派大力提倡学李义山,以致西昆体成了义山体的代称,直到现在李商隐仍被归入绮艳派,这种用语是带有一点贬抑色彩的。平心而论,他的诗是比贾岛追随者的有华彩一些,不像晚唐一批诗人的诗那样枯淡幽冷、质木无文。其实,说他唯美,不如说他唯情。他的艳是那种深入骨髓的艳。我认为清代刘熙载对义山诗的品评最中肯,"深情绵邈""绚中有素"。前者指出他抒的情是那种绵长深远、味之无极的"深情",而他的诗在清词丽句中蕴含的是深刻微婉、复杂多端的人生感慨。这也是我最喜欢读义山诗的原因。我在《古代诗歌中的人生感慨和李商隐诗的基本特征》和《白描胜境话玉谿》两篇论文中分别谈了这两个方面。李义山许多流传广的诗,其实都是这种清空流美、很少用典、表面上一点也不难懂的类型,像《夜雨寄北》《嫦娥》《乐游原》,乃至于《无题》,"相见时难别亦难""昨夜星辰昨夜风",字面上小学生都能大体读懂,可论诗味,就是"味无穷而炙愈出,钻弥坚而酌不竭"(杨亿)。

"众说纷纭,莫衷一是",也永远不可能定于一是,这才是义山特有的绝活。正是在这个基础上,我提出了"纷歧与融通"之说,我特意用了"众说纷纭"的"纷",而不用"分歧"的"分"。一篇《锦瑟》,那么多异说,但我认为,很多异说是可以兼容并包、并行不悖的,或以一说为主,兼融他说,或在更高层面加以统摄、融通。针对这个问题,我主要写过三篇文章:一篇是《分(纷)歧与融通》,正面从诗歌创作的角度来谈,创作起始阶段触绪多端、百感交集,创作过程中于特定题材里面渗入多方面的生活感受,创作完成后接受主体对同一作品的多方面理解与认识作理论上的阐释。另一篇是以《锦瑟》为典型诗例,讲自宋至今的历代接受者对《锦瑟》的阐释是怎么样一步一步从纷纭走向融通的,也就是从接受史的角度谈从纷歧走向融通是自然趋势。你中有我,我中有你,只要见解有依据,都可以融进来。三是我自己对《锦瑟》的阐释——以自伤身世说为主而兼融各主要异说。首联明显是写音乐的,中间两联是听到音乐后的感触,写的既是音乐境界又是人生境界和心灵境界。这样理解,就能把不同的说法融贯起来了。

我有一个基本想法,对于一个复杂对象,你永远别指望对它的认识能一次完成，都是在前人、今人各种认识的基础上逐步完善的，包括今人的、前人的一些错误看法，也说明此路不通，不要重犯错误。这是客观事实，否则就是自欺欺人。你说是尊重事实也好，境界追求也好，哪来那么多一空依傍的"独创"？如果把那些从来没人理睬过的、早被历史淘汰的文学"垃圾"拿来再去翻腾一遍，说是创新或填补研究空白，当然也可以，不过那就太多了，车载斗量了。

温庭筠研究与晚唐文学研究的开拓

韩震军

2004年，您在历时三十年完成李商隐诗文集的全面整理与研究后，紧接着又着手温庭筠的全面研究。记得您先前曾为整理研究王昌龄集做过不少准备，这时候不是拾起之前将要开始的工作，而是重新开辟"领地"。您做出这样的取舍，是基于何种考虑呢？

刘学锴

其实，也不是单纯的王昌龄诗，这个我从来没向别人讲过。当时我已到古典文献专业，中华书局约我写一本较后来的《李商隐》专业性更强一点的《唐代边塞诗派》。这个题目，我当然很感兴趣，其中最感兴趣的是王昌龄，所以我想先从他开始准备《唐代边塞诗

访谈与报道

161

派》。整理研究王昌龄集,就是这样提出的。后来,我一调到安徽,忙于备课、上课,这个事情就不了了之了。关于王昌龄,我写了一篇文章砍掉一半后剩下一篇小文章就没再做了。我兴趣依然有,但不再回去了,也不可能回去了,因为王昌龄诗早有注本,而且不止一本,现在没有精力和必要再去做了。为什么后来整理研治起温庭筠呢?因为李商隐整理研究做完以后,晚唐重要作家杜牧,吴在庆在做,晚唐"温李"并称,两个人都写骈文,连类而及,所以就把温庭筠再做一下。虽然风格不同,成就有高下,但就近取材,二人大体相近的历史背景材料,不需要重新找了,比较方便,而且"温李"也自成一个中心。

韩震军

在文学创作上,温庭筠是一个多面手,有诗文,有词,有小说。根据您对《温庭筠全集》的整理与研究,您如何评价他的文学成就?

刘学锴

温庭筠是位影响深远的大词人,这不用说,他在词创作上取得的成就,学界已论说较多。温庭筠的诗,在晚唐不如小李杜,但显然超过许浑。在晚唐诗四大家里,温庭筠应该排第三。他的小说,用现代眼光来看,能被称为小说的不算多,但有些确实写得不错。像《陈义郎》《窦乂》《华州参军》,置于唐代一流小说里也不逊色。尤其是《窦乂》,塑造了正面的、成功的商人形象,意识很超前,写实的笔法也很高超。他是多面手,而且似乎预示了宋代文学雅俗的分途。

> **韩震军**
>
> 对于个案作家研究,您倡导围绕着其别集的全面整理和生平及创作的研究进行。作为个案作家综合研究成果的集中呈现,您先后撰写的《李商隐传论》《温庭筠传论》,在总体的设计和立意方面有什么特别的考虑呢?

刘学锴

既然叫"传论",说明它不是论文集,所以要力求全面。这个"全面"不可能都是自己独特的看法,当然会包括一些描述性的内容,比如介绍他们各种各样的文体,有些东西我并没有深入的研究,就是一类一类的介绍有哪些内容,偶尔会涉及它的一些特点。但是,主要的东西我还是力求有自己的看法和想法的。在我和恕诚合作的《李商隐诗选》中,有一个问题就是李商隐和牛李党争的关系,我俩的认识是有明显区别的。余的主张是,一个思想进步的作家可以不属于哪一党,照样可以写出关心现实、关心民生疾苦的诗文。我觉得这个讲得很对,从道理上讲没有任何问题。所以,我充分尊重他这个意见,无论是初版还是再版都保留了。但是,我自己的看法不是这样的。《李商隐传论》中专门有一章探讨这个问题,我绝对不是说李商隐一直是李党,大中以前,他没有党派倾向,大中以后是有明显倾向的。之所以叫"传论",就是从纵和横两个方面,让读者尽可能地全面了解传主的生平经历和创作，其中除了一些不可回避的常识性介绍，更多的方面要求有自己的研究心得和见解。

> **韩震军**
>
> 您的李商隐研究已推动了《中国文学史》的改写（由原来的一节变成了现在的一章），那么，您对温庭筠作品的全面整理与研究，有可能提高他的文学史地位吗？

刘学锴

较之李商隐研究，我对温庭筠的研究还远远不够深细。温庭筠研究应该进一步深入，但囿于新材料的发现等，目前还比较困难。他的诗，流传下来的注本仅曾益原注、顾予咸和顾嗣立补订的《温飞卿诗集笺注》一种，疏漏很多，与义山诗有十多种各具特色的注本根本无法相比，尤其缺乏像冯浩的《玉谿生诗集笺注》那种精益求精的著作。他的生平考证也非常疏略。直到20世纪70年代末、80年代初，在陈尚君、施蛰存的文章发表以前，连他的生卒年也未弄清，其他生平经历中的疑点与空白点更多。他的词，研究成果比较丰富，但温词的单独注本也是到近年才出现的。我对温词的艺术成就实际上也有不同看法。赋与骈文则一直没有人作过校注。我在温庭筠出生居住地、诗文系年、晚年生平事迹考证等方面做了一些工作，对其骈文也第一次全部作了注，当然还有不少疏漏，有待后贤匡正。文学史里写温庭筠，通常将诗、词安排在不同章节论述，骈文偶或一提，小说则缺位。学者研究温庭筠，也都是对其作品的各种体裁进行分割研究，这样就很难形成完整的印象。很多人只把他当作大词人来看待。现在，我把他的诗、词、文、小说合编成一部《温庭筠全集校注》，可能会有助于学界更综合、全面地去看待温庭筠，也许会提高他的文学史地位吧。

《唐诗选注评鉴》与经典普及的思考

韩震军

您的《唐诗选注评鉴》自2013年出版以来，短短数年内，两次再版、七次印刷。您撰写这部著作的初衷是什么？

刘学锴

初衷就是给现在刚入门的唐诗爱好者或将来准备研究唐诗的人，提供一部切实有用的以普及为主，兼顾一点提高的选本。以前，我在教唐宋文学的过程中觉得，如果有一本类似于这样的著述，就方便多了。我是从自己教学的切身体会中领悟到读者可能需要这么一本书。这部书以鉴赏为主，摒弃了玄虚与深奥，不大讲过于专门的诗法，也不作过于理论化的发挥（老实讲，我也没有这个本事），从刚入门者的实际出发，以贴近原诗的诗性描述为主，追求传达出原作的味道。诚然，这并非易事，倘若我能够传达出原诗十分之一二的味道，便已满足了。

韩震军

> 现在看来，您的初衷实现了。《唐诗选注评鉴》广受赞誉。莫砺锋先生称，它体现着"文学本位、读者本位"。陈尚君先生说，它是"近三十年最好的唐诗大型选本"。刘跃进先生说，"普及经典，自身也可以成为经典"。

刘学锴

这些评价太高了，只能当作鼓励。作为一种追求是可以的，但是现在的水平达不到这个程度。鉴赏，我可能比一般的写得细致一点。有的作品能达到5000字的篇幅，是因为我曾给中央人民广播电台供稿，那时能放开讲，讲得比较细。有的作品还带点考证，像《夜雨寄北》就融入了我的考证。总的来讲，我希望鉴赏内容能切实有用，方便读者。

韩震军

> 作为一代诗歌总集，无论是全集还是选本，一定程度上都会有"史"的意义。自从文学史上唐诗分期说被提出，有人反对，也有人进一步探究完善。您对此有什么看法？

刘学锴

分期问题，我没专门研究，但我认为分期可以有不同的分法，两期、四期、八分，可以灵活处理。唐诗创作有变化，这是客观存在的。总的说,"四唐说"基本可行,但这里面有一个小问题,就是"大历诗风"还要再考虑。因为它跟中唐后期元、白、韩、柳、张、王、李贺都不一样,更多的是想继承盛唐诗风,但又完全不像盛唐诗歌,是上靠还是下挂需要斟酌。唐诗分期定一个年份,画线就画到这里,这个绝对不行,不符合诗歌创作的发展规律。比如,杜甫和刘长卿,基本上是同时期,但二人诗歌的风貌太不一样了。我觉得,唐诗创作最大的不同表现在初盛与中晚的区别,尽管不能单纯以"安史之乱"画线,但是它对文学创作的影响还是很深远的。我始终主张"盛唐气象"不能只看诗歌写的题材内容。比如,李白"天生我材必有用",杜甫"古来材大难为用",二人诗歌的内容完全不一样。杜甫绝大部分诗歌都是在"安史之乱"以后完成的,但是我认为他仍然属于盛唐,杜甫那种阔大、悲壮、雄浑绝对不是属于中唐的。关于这个问题,20世纪,裴斐先生就和我的老师林庚先生打了一场"仗"。"盛唐气象"不是单纯讲时代的,它是一种精神风貌的体现。杜甫诗歌虽然主要创作于"安史之乱"之后,但他生活的年代在开天盛世,这个对他影响太深了,而且他始终相信这个"盛世"不会马上消失,过一段时间"盛世"就会回来。所以,尽管杜甫他说"古来材大难为用",但还是想着为这个时代尽绵薄之力的。

韩震军

《唐诗选注评鉴》放眼全唐,把真正的好诗传给了读者。您提到"切实有用""普及"与"提高",能否谈谈您对当前唐诗经典研究的看法?

刘学锴

无论古今中外，真正有永恒价值的艺术精华并不多。文学史现在看是越写越厚，以后肯定是越写越薄，当代人要解决的问题那么多，哪有时间看那么多无关紧要的东西，而且很多是根本没什么价值的东西。古今中外的文学名著，即使只选200部，做文学研究的人不见得都认真地读过。我没做过统计，自己是不是看过200部，我没有这个信心。有的还不一定看得懂，像《浮士德》，老实说，我看不大懂。你把很有限的时间精力花在那些早就被扫进文学垃圾堆里的作品上面，这不是浪费生命吗？当然，可以有一小部分人去研究某些典型的文学现象，以及它发生、发展、消逝的规律，但多数人不应该为了所谓创新、填补空白，去翻腾"垃圾"。不要说印刷术普及以后这种文学"垃圾"是天文数字，更不要说现在的网文了，就是口耳相传和手工传抄的诗歌黄金时代——唐代，在幸存下来的大约五万六千首唐诗中，"垃圾"恐怕也不少，真正可读的恐怕最多占十分之一，有五千首左右，真正的精华也就两三千首，称得上经典的更少。我自己选过一个2700首的唐诗选目，陈伯海先生《唐诗汇评》选了5000多首，分别和《唐诗别裁》《唐诗品汇》大体相当，说明可读的唐诗用比较严的标准或者比较宽的标准去选也就是这个数了。就作家来说，文学史上能展开讨论的唐代诗人也就20多个人吧。那么大家除外，大家就那么几个。名家我们把尺度放宽一点，不以存诗的数量为准，而以精品所占百分比为准，如仅有两首诗传世的张若虚、目前只看到一首诗的朱斌，甚至把王之涣也算上名家，加起来也不到100人。有的大家，历史上对他的评论可以说已经是汗牛充栋了,或者是歧解纷纭,好像已经无话可说,或者不知道怎么说了。其实,这个正说明这些大家可以研究的问题很多,是唐诗研究的大潜力股。只是我们做研究的人比较畏难,不大愿意下功夫去碰他们。有些大家、名家整理考证方面,特别是在改革开放以后,应该说成绩不小,但是理论研究方面,总的来讲,进展不是太大,这不正常也不应该。所以我主张现在中文系的中国古代文学课应该改成中国古典文学课,一字之差,重点对象就不一样了,中国古典文学课教学内容就是经典性的最优秀的作家作品。跟这密切相关,教师、研究人员的研究对象也主要放在大家、名家的优秀作品上。现在一般高校的中国古代文学的教学和研究基本上脱节。教学教的除了概论外,确实还是重点的作家作品,但是研究就五花八门什么都有。为了应付聘期考核、提职,不得不绞尽脑汁设计一些所谓新课题、新角度,其实写出来的东西除了编辑以外认真看的人真不多,让人家眼前一亮的太少。从有些重点刊物上发表的文章看,这两年情况真不乐观。与其这样,还不如老老实实坐下来,弄一部书像《杜诗百名篇新诠》或《李白诗百名篇新诠》,就是选100篇你自己认为最好的杜诗或李诗,尽量谈谈自己的理解和阐释,有了想法再从理论上做点新的概括。

韩震军

时代演进,观念变化,但是唐诗风神依旧,受欢迎程度不减。在您看来,唐诗经典的形成与普及对当代诗歌创作有什么启示?

刘学锴

唐诗长盛不衰,原因之一就是它跟广大读者的良性互动。在唐代,连那些歌妓都喜欢唱,稍识点字的人都可以提笔写诗,而且那些诗人以自己的诗被多少人唱、被哪个最漂亮的歌妓唱了引以为荣,这种诗歌生态很少见。我觉得这正是唐诗成功、长盛不衰的一个很重要的原因。现代的诗歌有两种,一种是当代人作的旧体诗,烂的东西太多了;还有一种就是根本看不懂,不知道他讲什么,连小圈子里面的人是不是能看懂也不知道的诗。假如诗都这样自我封闭,恐怕看的人会越来越少,最后不知会发展成什么样子。自吹自擂不行。

知音境界与学者本色

韩震军

受个人时间、精力的限制,虽然您主要深耕细作于晚唐这块宝地,但目光从未仅限于此。您对整个唐诗的感悟和观照,除了体现在《唐诗选注评鉴》外,据我所知,"常建诗歌校注""李颀诗歌校注"等,都是您凭着自己的感悟推荐给他人的题目。

刘学锴

王锡九在做完《松陵集校注》后,来我家说,他还想继续做。我说，我过去曾经想把常建、李颀两个人的集子做一做，现在手抖不能写了，你去写吧。后来，这两个选题，中华书局也同意了。《常建诗歌校注》《李颀诗歌校注》的体例跟《李商隐诗歌集解》是一样的，后面也有那种解释，不管怎么样，他把自己的一些理解和感受写了，我觉得还是有参考价值的。其实，还有一个人我觉得值得做，就是崔颢。这个作家存世的作品虽然不是很多，过去上海古籍出版社也出过一个很通俗的注本，但是我觉得在名家里面，他的诗歌精品的比例是非常高的。假如没人很精细地做过，我觉得可以做，其价值不会在常建、李颀之下。

韩震军

您和余恕诚先生半个世纪的共事友情是学界的一段佳话。您能否说说对他的主要学术印象？

刘学锴

你刚才提到恕诚，理论创新方面，是他一贯的也是最主要的追求，他对文献考证没什么兴趣。关于我和他的合作，照说最理想的状态应该是互补，但是实际上自从《李商隐》小册子以后，基本上就分道扬镳了。你们看他的著述年表就可以看得出来，教学投入起码是2/3的时间，剩下的时间他就是写《唐诗风貌》。《唐诗风貌》第一篇文章1981年刚刚出来，紧接着就写兰州会议的那一篇《战士之歌和军幕文士之歌——从两种不同类型之作看盛唐边塞诗》，后来他的大量精力就放到那上面去了。《李商隐诗歌集解》初稿他只是抽空看了一遍,他很谦虚,一般用铅笔在上面画个括弧,或者旁边标一个符号,提示这个地方的词语是否可以再斟酌一下。也有一些用小纸条写自己的意见或疑问。这些我都尽可能地尊重并采纳。但是对于我没有把握的全诗,或根本不知道它在写什么的,我也会请他出主意。最典型的比如三首《七夕》诗,他从另外一首七绝"争将世上无期别,换得年年一度来"受到启发,来解《辛未七夕》,后来,我干脆把这三首都处理成悼念已经去世的妻子王氏了。当然有的说得好一点,有的说得差一点。反正这个现象有,但是太少了。有的没把握,比如说《青陵台》,我请教过他,我能看出来那个里面可能跟牛李党争这个事情有关,但是要说清楚很难。恕诚的著作,特别是《唐诗风貌》,里面每一篇比较重要的文章我都是第一读者,我也很赞赏,我觉得这本书是可以传世的。那些题目都是从阅读当中来的,感受也非常真实。增订本《李商隐诗歌集解》,他就没参加了。《李商隐文编年校注》他没参加,就看了一遍,当时他腰椎犯病了,只能躺着看,最主要的就是后来我请他让研究生将《左传》里面同人异名查了一下。1985年增订本《李商隐诗选》,我倒是有意希望他多贡献一点力量,所以我说这次前言艺术部分你来写,理论方面你有你的长处。另外,单篇作品呢,我也跟他换了,过去在《李商隐诗选》初版的时候,他执笔的基本上是梓幕期间的诗比较多,我换了前面大和到会昌这一小段的。(除了我已经写的以外)在前言中他提出了一个"心象熔铸物象"说,这个东西后来也写进了袁行霈主编的《中国文学史》里面。说老实话,对这个我不是很懂,但我知道这是他的一个创见。

> **韩震军**
>
> 眼下,对于大家都感叹的"大型合作项目难以有效开展",您有哪些经验和建议?

刘学锴

　　大型科研项目,我知道现在大学里面都比较重视,但也是最头疼的。我记得彭玉平讲过,大型项目往往是一流学者领衔,但是做出来的项目水平是二流的,甚至是三流的。这个没办法,题目往往太大了,我觉得文科最好不要这样。人文学科特别是文学是个性化很强的东西,你一定要把大家都纳入那个轨道,这是让人很难受的。我觉得最好是自下而上自然形成,既体现个性,又能够自成系列。这个建议,我是给系里提过的。原来我们几乎所有的名家、大家都有人重点地研治,比如说,蒋立甫老师治《诗经》,潘啸龙治《楚辞》,袁传璋研治《史记》也兼治一点陶渊明,下面唐代不用说,人比较多,各有各的分工,有像恕诚那样从总的方面作研究的,也有分开来研治的,问题不是很大。宋代总的来讲是比较缺,但是胡传志以元好问为主也兼及宋诗,孙文光老师治龚自珍,《红楼梦》,俞晓红投入的力量也不小,假如把这些能体现自己特点和个性的东西各选一本,形成一个系列,那就不是完成一个项目的问题了,甚至也可以把它作为教材,设专题研究课和讲通代的古典文学作品选或者文学史更是不在话下,很轻松了。但是,现在不是这样的。因为刚才扯到小说了,我倒胡乱瞎想了一个题目或者说是一种设想,就是我们诗学中心能不能够把眼光放大?我相信一代有一代之文学,没有长盛不衰的体裁。人家可能会觉得我不喜欢宋诗,我也承认,但是要从做研究来讲,不能这样。

  我有一个基本看法,就是到了宋代以后,整个诗坛除了苏轼、黄庭坚、范成大、杨万里、陆游外,好像像样的东西再也找不出来了。王安石后期的一些诗是学唐人的,那是宋人的唐诗,不是宋诗。所以要是仅仅局限在传统的五七言诗,宋以后是很难做的。就是蒋寅对清诗研究得那么熟,他到现在也不做部《清诗选》出来。他说清诗总的成就不会低于唐诗,那先拿一本《清诗选》让大家看看,它到底有没有唐诗那种鲜活劲儿、那种气象,我觉得不大可能。你选十个大家、选一批可读的诗,这个问题不大,但要重复唐诗那个辉煌不可能。所以,我觉得是不是应该把眼光放大。有的时候"诗中无诗",但是"诗外有诗",就是诗歌以外的体裁有很多作品诗意非常浓,而且这恰恰能提高它的品位。诗到哪里去啦?像六朝初唐人的一些骈文、苏轼的《赤壁赋》、明代的小品文就写得很有诗意。戏曲也是这样,如《西厢记》《拜月亭》《牡丹亭》《长生殿》到处充满着诗意。其实,汤显祖的诗本身写得真不怎么样,但是《牡丹亭》那几折,最好的诗也不过如此。清代还有两部小说也是诗意很浓的,一部是《聊斋志异》,一部是《红楼梦》。《聊斋志异》不光是文字,人物本身像婴宁、娇娜,诗意非常浓。诗意境界更高的是《红楼梦》,我老早就想写一篇李商隐与《红楼梦》的文章,但因对《红楼梦》没有研究,怕说外行话,所以一直不敢写,他们之间不仅是那种很深刻的感伤是相通的,而且他的诗意渗透到了《红楼梦》全书。诗在别的文学样式的里面,是提高它们艺术品位的一个保证,是皇冠上的明珠。所以，要放开眼界的话，这就是一个大题目。这样的话，可以把整个诗学中心跟研究古典文学的人都动员起来，发挥每一个人的力量。

韩震军

　　从单个名篇的鉴赏到一个作家创作的认识，从个案诗人的研究到有唐一代诗歌的整体把握，无不体现着您治学路径和艺术追求。在您的治学领域不断深入、开拓的同时，唐诗研究始终是您坚守的阵地，让人感到您对唐诗怀有一种特殊的情结。最让人感佩的是，在半个多世纪里，不论社会环境如何变化，您从未离开过学问，体现了一个学者的本色。我知道，您从未申请过国家社科基金项目，发表文章也从不计较刊物级别，那么请您谈谈评价一个成功学者的标准是什么。

刘学锴

　　夸赞我了。我庆幸的是比大家早生了一些年，所以我没有碰上项目决定一切的时代，也没有你们目前面临的这些难题。我做研究是非常自由的，从来没有人干涉我今天要做什么、明天要做什么，有的时候尽管有的领导说我们安徽这个桐城派能不能研究一下，我不吱声。因为我们这儿专门做桐城派研究的人是有，但好像不多，这个东西至少不是我们的强项。所以，我以前就说，要感谢学校给我提供的这个良好的学术研究环境，就是我从来没有受到过干涉。我也没主动申请过什么项目，我的那些东西确实不是这样来的。《李商隐诗歌集解》不用说，《李商隐文编年校注》是恕诚提议要做的，当时学校准备申请博士学位授权点，他已经接了我的研究生点负责人担子（这个我1991年就不干了，我觉得已经58岁了，不能再干了），恕诚说是不是要申请一个项目？后来《温庭筠全集校注》也是这样的，我都已经开始做了，恕诚说你申请一个项目吧，我大概用了半天时间就把那个项目表填好了。所以，主动申请项目我是没有过的。但是，现在这种情况，我能理解，申请一下也没坏处。

"学者"，我不敢自封。大概在前十几年吧，凡是被称为"学者"的，级别比较高，"专家"是不值钱的。"专家"说明在某一点有些研究，而"学者"什么都能研究。所以，我不敢自诩是"学者"，只是一个"小专家"，而且还有好多盲区需要不断地修正。所以，我这次的那篇小文章（即《李商隐〈哭刘蕡〉"湓浦书来"补笺》——编者注）不是来投稿的，是过去我相信了《新唐书·刘蕡列传》的那个错误记载，后来发现《裴夷直墓志》了，来改错的。我要说明的是，即使像这样小的问题，也要不断地改错。

我不主张挑什么出版社。像在中华书局出书，可能影响比较大，但是最后决定你研究成果价值的绝对不是中华书局。就是一些一般的出版社，可能也有相当专业的编辑、非常敬业的编辑。比如中州古籍出版社，《唐诗选注评鉴》将近300万字，她们拿去之后，第二年就出来了。编辑当时是挺着大肚子，中间还休了半年产假，我估计她们是赶得非常苦的。书稿都是采取流水线作业，我手抖不能写，但也不敢叫人家校对，自己校对完之后，变成了大花脸，到处都是错别字，拿到校稿她们马上改正排版，这样来来回回几次。尽管小出版社编辑的专业学术水平总体上不如中华书局、商务印书馆、人民文学出版社、上海古籍出版社，但非常敬业。写书的人谁不希望早一点把书出出来？我不挑出版社，其中有一个原因就是喜欢这一点。这样的话，自己的书可以早一点与读者见面，读者有什么意见可以及时得到反馈以便修改。你做得尽善尽美了再交稿，再出版，年纪大一点的话，没有完成的稿子可能会随您而去，留下的作品也许会被不懂行的儿孙当成废纸处理掉。所以我不挑出版社。同样，对于刊物的级别，我也并不过分看重。毕竟，有的刊物级别非常高，也发表过质量不高的文章（就是我们唐代的），这确实让人难以接受。所以，我投稿件一般不会过分在意刊物的级别。

韩震军

您能把自己学术研究的心得简单地总结一下吗？

刘学锴

还是那几句话。一是笨人用笨功夫。我觉得我不是那种最笨的人，但是起码是属于百分之九十几的那种非常平常的人，所以只能用笨功夫。像做那种考证文章是苦，但做研究不这么做也不行呀。二是学术研究不要"贪"，不要做那种远超自己学养的题目。题目太大也不行，超过自己学养的，要读很多很多书，而且要对它们都有所研究，太难了。打比方，一个人蹦一蹦能把果子摘下来，那就蹦,要老蹦老蹦也够不着,也就别蹦了。另外一个就是前人已经研究很多的作家,照样可以做出一定成绩,这点前面已经说过了。

> **韩震军**
>
> 　　非常感谢您接受我的访问。我有一个强烈的感受,就是您的学术思想始终充满着活力。衷心祝愿您身体健康,永葆学术青春!

刘学锴

　　感谢你设计了那么详尽的采访提纲,又不远千里来京和我聊天。你辛苦了。

　　[本文原载于《安徽师范大学学报(人文社会科学版)》2021年第5期]

刘学锴：唐诗的知音

记者/常河

    2013年，花了4年时间写完《唐诗选注评鉴》书稿，刘学锴教授已经80岁，"我原来准备选注评鉴2700首唐诗，手抖得厉害，只得压缩为650首，300万字。"他说。

    书稿从北京运抵河南中州古籍出版社时，中州古籍出版社副总编卢欣欣惊呆了："我只能用震撼来表达我见到书稿时的情绪。10包书稿，全部手写。刘先生的这种学术情怀让我深深感动，我在心中默默告诫自己，唯有把书做好才不辜负先生对读者的一片心意。"

    事实证明，卢欣欣的眼光没错：《唐诗选注评鉴》（全二卷）自2013年出版以来，广受各界赞誉，5年内5次印刷。中国唐代文学学会会长陈尚君教授称其为"近三十年最好的唐诗大型选本"。

    2018年，85岁高龄的刘学锴对该书进行修订，中州古籍出版社于2019年5月将修订本改版重印为十卷本。

    "从李商隐研究，到温庭筠传论，从参与《唐诗鉴赏辞典》编著，到今天的《唐诗选注评鉴》,刘学锴先生用自己的作品证明了经典之作需要经典性鉴赏,而刘先生就是唐诗知音。"复旦大学教授查屏球如此评价。

"诗家总爱西昆好"

"刘君学锴,年不足四十,学有根底,甚可喜也。"1963年7月底,著名语言学家张涤华在日记中抑制不住"得遇千里马"的喜悦。这是两位学者的第一次见面。当天,张涤华作为安徽师范大学中文系主任,接待了刚刚来校报到的刘学锴。

刘学锴,1933年8月生于浙江省松阳县,1952年考入北京大学中文系。1959年,刘学锴以在读副博士研究生的身份留校任教,独立开设了校勘学课程并参与了古籍整理概论课程的建设和讲授。1963年,刘学锴调安徽,在安徽师大中文系工作至退休。

1975年至2004年,刘学锴集中研究唐代诗人李商隐,先后出版十多部相关著作,发表三十多篇相关论文。刘学锴因此被誉为"国内研究李商隐第一人"。

李商隐的部分诗歌过于隐晦迷离,给后人解读带来很大难度,故有"诗家总爱西昆好,独恨无人作郑笺"之说。

刘学锴发现,李商隐的诗旧注不少,但各家观点分歧很大,让读者莫衷一是。"这样一位'后世治之最勤'的诗人,其生平行踪的考证、作品的系年、诗意的解说疏证乃至总体的评价等方面,都存在许多问题,亟待纠正、补证,甚至彻底重新思考。"于是,做一部集解式的整理本,对前人已有的考证、疏解、评点成果作一次全面的清理和总结,成了刘学锴心底强烈的冲动。

这一想法与同一时期在安徽师范大学教授"唐诗风貌"课程的余恕诚先生不谋而合,两位先生从此携手合作。本着"清理"和"重塑"的初衷,刘学锴和余恕诚认为与其勉强撰写以著者己意为主的新注,不如集思广益,以集解新笺的方式来整理研究,较为实用。

就这样,两位先生积十数年之心力,孜孜矻矻,由诗选—评传—集解,滚雪球般地壮大成果,为"义山诗学"奠定了坚实基础。其中,刘学锴或与余恕诚合著,或独力写作,先后出版了十多部专著。其中,《李商隐诗歌集解》《李商隐文编年校注》《李商隐资料汇编》被学界被誉为"李氏三书",成为李商隐研究的圭臬。

"如果说我的某种成果可以传世,那是鼓励,是不实之誉。"尽管著作等身,刘学锴依然非常低调,"任继愈先生谦称自己是过渡的一代,我只能是过渡的一代中最平凡但多少做了些实事的人。"

从温庭筠到唐音清赏

在四川大学教授、刘学锴的首届研究生周啸天看来,先生"写字作文,一笔不苟,风格悉如其人"。但在生活中,一向不苟言笑的刘学锴却有着精湛的厨艺,而且能唱地道的越剧。

这种内敛的浪漫,反映到刘学锴的学术研究中,就是退休后继续研究和李商隐并称"温李"的晚唐"花间派"词人温庭筠,先后推出了《温庭筠全集校注》《温庭筠传论》《温庭筠诗词选》。

从20世纪80年代起,刘学锴还参与撰写、编写各种诗歌鉴赏书籍,最著名的就是参与撰写《唐诗鉴赏辞典》条目。

从2008年开始,刘学锴开始着手一项庞大的工程,写作《唐诗选注评鉴》。"从接手唐宋文学课程开始,我就特别希望手边有一本像《唐诗选注评鉴》这样的书,除今人的注释外,把前人的注释、评论都搜集好,又有编撰者的疏解、评鉴做参考,那我讲课就方便多了。"

对于这本书,刘学锴的定位是"切实有用"。在刘学锴看来,与十余年来唐诗的整理、考订、研究成果相比,唐诗的普及工作除了《唐诗鉴赏辞典》曾产生过广泛影响外,无疑是滞后了。时至今日,各地出版社还在不断翻印孙洙的《唐诗三百首》这部两个半世纪前的选本。"我教了几十年的唐宋文学,对大学中文系的古代文学教师、喜欢读唐诗的大学生究竟需要一部怎么样的唐诗选注鉴赏入门书,有比较深切的体会。"

"披沙拣金的选目,广征博引的笺评,独有会心的鉴赏。"南京大学文学院教授、中国宋代文学学会会长莫砺锋认为,"《唐诗选注评鉴》最有价值的部分,是刘学锴先生写的鉴赏文,这是真正懂诗之人所写。"

"既适合基础阅读,又具有学术高度。专业学者不会觉得浅,普通读者不会觉得深。"南京师范大学文学院教授钟振振表示,《唐诗选注评鉴》是可以面向各层次读者的阳春白雪之作。

从"西昆解人",到"飞卿知己",再到"唐音清赏",刘学锴用自己"繁华落后见真淳"的学术著作,"以一人之力,成一家之言",从而让自己成为真正的"唐诗知音"。

(本文原载于《光明日报》2019年8月22日第1版)

刘学锴：下笨功夫，做真学问

撰稿人 / 王树森

　　刘学锴，1933年生，浙江松阳人。1952~1963年，就读并任教于北京大学中文系。现为安徽师范大学文学院教授，中国诗学研究中心顾问。曾任中国唐代文学学会常务理事、中国李商隐研究会会长。著有《李商隐诗歌集解》《李商隐文编年校注》《李商隐传论》《李商隐诗歌接受史》《温庭筠全集校注》《温庭筠传论》《唐诗选注评鉴》等。另发表专题论文多篇，较有代表性者，收入《唐音浅尝集》一书。2016年获安徽师范大学教师终身成就奖。

　　洋洋三百万字的《唐诗选注评鉴》，是刘学锴先生75岁时开始撰写的。他不顾年高笔颤，历时四载，一笔一画在稿纸上写成此书。2013年初版后，每次重印，刘先生都会对已发现的疏失进行修改。2019年的新版也不例外，86岁的他，又新增修订400余处。

　　了解刘学锴学术生涯的人，对他以如此高龄成此巨帙不会感到意外。刘先生曾说："哪怕就是笨人，只要肯下笨功夫，持之以恒，肯定会有比较像样的成果。"在迄今已逾一甲子的学问人生中，他就是凭借一点一滴的笨功夫,做出了真学问——有近千万字的著述为证。

兀兀穷年的学问人生

刘学锴1933年生于浙江松阳,1952年进入北京大学中文系学习,1959年留校任教,直至1963年主动要求调往合肥师范学院(安徽师范大学前身,后迁回芜湖)与家人团聚。在燕园生活的十二个春秋,为他后来的学术生涯,奠定了坚实基础。

20世纪50年代初的北大,激情洋溢,许多中文系学生,对文学创作充满向往。然而在入学后的第一场师生见面会上,系主任杨晦先生就说,北大中文系不培养作家,希望同学们刻苦读书,将来准备当老师,当学者。这给了刘学锴很深的触动。大学期间,他通览了许多重要作家的诗文词集和戏曲小说。作为文学史课程课代表,与游国恩、浦江清、林庚、吴组缃等名师接触较勤,他就借助这个"便利",多方请教。

1956年,刘学锴被免试录取为林庚先生的第一届副博士研究生。1959年,又奉魏建功先生之命到新组建的古典文献专业担任教师。在随林庚先生读研期间,刘学锴不仅通读了20余部古代文学经典,还根据指导老师要求,认真阅读自魏晋至五代的名家别集,撰写读书报告,定期呈改,然后师生讨论。为了协助正在撰写《盛唐气象》一文的林庚先生做资料统计工作,刘学锴对唐诗做了两次通览。到古典文献专业任教后,他又在吴小如等先生的指导下,从阅读《书目答问补正》《四库全书总目提要》起步,继而钻研清儒和近人有关校勘学的专著和古籍校注,花了一年多时间撰写讲义,终于开出新设置的"校勘学"课程。刘学锴后来在古籍整理上的建树,与这段时间的勤学深思有很大关系。

"文化大革命"期间,已经移教安徽的刘学锴,像很多学者一样,处于困境之中,但他没有放弃自己钟爱的古典文学。1975年,他和余恕诚应人民文学出版社之邀撰写《李商隐诗选》。从此开始,他用了整整三十年的时间,专力从事李商隐研究。他的李商隐研究,从诗集解、文校注、资料汇编,到传论、接受史、选本乃至普及读物,形成了完整体系。2014年余恕诚去世后,刘学锴撰写了《我和恕诚合作撰著有关李商隐的几部书稿的具体情况》一文,其中回忆自己为写《李商隐诗选》赴京抄录材料的情景:

(1975年)9月,由我至京听取专家对样稿的意见,并用了20天左右的时间,以《唐人八家诗·李义山集》(毛氏汲古阁刊)为底本,至北京图书馆善本室过录了清影宋抄《李商隐诗集》、明悟言堂抄本《李商隐诗集》、明蒋孝刊《中唐十二家·李义山诗集》、明胡震亨辑《唐音统签·戊签·李商隐诗》、明姜道生刊《唐三家集·李商隐诗集》、清席氏刊《唐诗百名家全集》之《李商隐诗集》的全部异文,及傅增湘过录在席本上的蒙叟(钱谦益)抄本、季沧苇抄本的异文。又抄录了王鸣盛在冯浩《玉谿生诗集笺注》初刊本上的手批。

又追记自己如何开始撰写《李商隐诗歌集解》书稿:

1979年3月至4月,我和恕诚用了约一个月时间赴北京查阅抄录我们已抄录材料之外,师大馆藏所无的有关李商隐的资料……并补录了钱谦益东涧老人写校本《李商隐诗集》的异文及蒋斧的跋文……我1979～1981年本系无课,即专力投入此项浩繁的工作。从科研处领了6000张大方格400字稿纸,便按凡例所定"诗正文""集校""集笺集评""撰著者按"各项逐篇进行,夜以继日,历时约一年半,独力将近600首义山诗歌整理笺释完毕,共4000余页,160余万字。1980年暑假后,恕诚边写论文《唐诗所表现的生活美与精神美》,边逐篇看我写的初稿……恕诚看完我的全部初稿后,我们就分头开始作修改、誊抄、定稿工作。

刘学锴、余恕诚两位先生的李商隐研究,是20世纪的学术经典,但是仅从以上这些远非全部的自述中,即可想见他们投入多少心血,经历多少不易。

刘学锴2005年退休后定居北京。这十多年来,他先是完成《温庭筠全集校注》《温庭筠传论》《温庭筠诗词选》三部书,其后又因"不能忍受闲暇无事的状态",撰写了一部《唐诗选注评鉴》。关于后者,刘学锴说自己开始时计划比较大,选了2700余首,基本上把现存唐诗中的精品一网打尽,但后来因精力实在不济,就压缩到600多首。尽管如此,该书的工作量仍很大,光笺评一项,就需要翻阅、选择、抄录大量前人文字。一位专家对该书"李白"部分引用资料做初步统计后发现,竟达155种之多,其中不少文献,连专门从事李白研究的学者都未曾关注,而这都是刘学锴以颤抖之手一笔一画完成的。当刘学锴委托次子把满满十大包手稿送到出版社时,编辑们无不感到震撼。

重估李商隐的文学价值

刘学锴集三十年之力从事李商隐研究,撰写出以《李商隐诗歌集解》《李商隐文编年校注》《李商隐传论》为代表的系列论著。这些论著,正如上海大学教授董乃斌所称道的那样,无一不是"用专业的工匠精神仔细打造的精品"。刘学锴的研究,不仅使李商隐这位晚唐大诗人的人生与创作得到彻底清理,实现了李商隐在中国古典诗歌史的经典地位的重估,其研究方法的创新亦能给人以启迪。

从清代到民国,李商隐研究持续不断,正如刘学锴所言,可以列举"一长串研究者名单",但就是这样一位被岑仲勉先生形容为唐代作家中"后世治之最勤"之一的大家,无论是生平行踪,还是作品系年、错简异文、诗意理解等,都存在大量悬而未决的问题。刘学锴的李商隐研究,在文献整理考证方面,得出了大量有突破性的或有创新性的结论。其中,关于义山"开成五年江乡之游"的辨正和"梓幕期间归京"行程的考辨,最为典型。

清人冯浩、近人张采田等人认为李商隐在唐文宗开成五年秋末至翌年(武宗会昌元年)春曾有过一段历时数月的"江乡之游"(今湖南洞庭湖一带),岑仲勉对此虽有质疑,但因缺乏有力内证,并未获得学界普遍认同。刘学锴撰《李商隐开成末南游江乡说再辨正》等三文,根据李商隐诗中的内证,特别是对《赠刘司户蕡》诗"更惊骚客后归魂"一句的正确解释以及对罗衮《请褒赠刘蕡疏》文中冯、张误引的"身死异土,六十余年"两句的还原,又证之以新发现的刘蕡次子刘理的墓志拓本中关于刘蕡"贬官累迁澧州员外司户"的记载,以及文宗开成五年秋冬间,李商隐随王茂元赴陈许幕府前夕、途中、初到时代拟的一系列表状启牒和诗作的翔实考辨驳正,彻底否定了冯、张之说,从而对三十余首义山诗文(实际上间接涉及的诗文系年与阐释约近百篇)重新做了系年和阐释,纠正了冯、张等人的错误。

　　宣宗大中五年至九年,李商隐在东川柳仲郢幕府生活了五个年头,此间他是否回过长安?在历代研究中,只有曾国藩在《十八家诗抄》中说过一句李商隐"曾回京一次",但未提供任何佐证和考证。刘学锴《李商隐梓幕期间归京考》一文,则由《留赠畏之》《行至金牛驿寄兴元渤海尚书》等诗中出现的明显矛盾生疑,继而通过对《为同州张评事(潜)谢辟启》《为山南薛从事(杰逊)谢辟启》《赠庾十二朱版》等诗文所涉人物行迹的细致辨析,考明大中七年仲冬,在梓州幕主柳仲郢的安排下,李商隐曾有过一次归京探亲之旅,并指出这段行程的意义,在于释放了李商隐郁结已久的怀土思亲之情,从而导致其后两年的诗歌"没有再出现先前那种强烈而频繁的思乡情绪"。类似考辨,有益于深化对李商隐其人其诗的认识。

　　改革开放以后的"李商隐热",最引人注目的是袁行霈主编的教育部推荐教材《中国文学史》。在以往的文学史著作中,李商隐往往只占一节的篇幅,在这部文学史中则改为列专章论述,李商隐得以与从屈原到曹雪芹那些公认的古代一流作家并列。对于这个变化,各种意见都有。面对某些质疑,作为"李商隐热"的主要推动者,刘、余两位倒一直显得淡定从容,因为他们的结论,都是从深入研究中得来,有其坚定底气。

比较而言,余恕诚为文力求创新,并认为李商隐之所以成为卓然大家,主要缘于义山《无题》诸作在"表现心灵世界"上的独创新体与重大开拓。而刘学锴因历来对李诗的歧解纷出,则更重视在继承的基础上融会贯通和创造,他既在整体上概括义山"感伤情调、朦胧诗境、象征色彩,抒写内心幽隐情绪,歌咏悲剧性爱情体验、人生感慨"的诗歌风貌,又揭示李商隐"在一系列传统题材、各种体裁中都有一流之作和创造性贡献",认为这是"全面理解李商隐、恰当评价其地位"的重要一端。《李商隐与宋玉——兼论中国文学史上的感伤主义传统》《古代诗歌中的人生感慨和李商隐诗的基本特征》两文,列举大量富有感伤色彩、饱含人生况味的义山诗歌名篇,证明将李商隐置诸李白、杜甫、曹雪芹等一流文人行列中,确有其依据。历史总在向前,对一个作家的认识也往往处在变化之中,宋人即高倡"子美集开诗世界",李商隐则直到清代才有吴乔提出"唐人能自辟宇宙者,惟李、杜、昌黎、义山"的观点,但不能因为这些观点后出,就忽视某些经典价值存在再发现、再评价的可能和必要。

刘学锴曾自谦其李商隐研究,"用的方法基本上是传统方法,没有多少新花样,但自感每一步都走得比较踏实"。踏实是肯定的,但他的研究也表现出新的学术理念,《分歧与融通——集解李义山诗的一点体会》《古典文学研究中李商隐现象》等即为代表。这些文章既是李商隐研究的重大进展,对于古典文学研究的深入也有借鉴意义。

清代以后,李商隐研究渐成气候,但问题不少,方法落后是重要原因。刘学锴云:"特别是索隐猜谜、穿凿附会的解诗方法,从吴乔发端,到程梦星、冯浩大加发展,到张采田则登峰造极,产生了极为深远的负面影响。不走出索隐和穿凿附会的阴影,李商隐研究就会越来越陷入误区,不能自拔,甚至走火入魔。"他认为这种"索隐现象",以及与之相关的"钟摆现象""纷歧现象",归根结底是由于"对李商隐的象征诗风缺乏深入的探讨和科学的评价",因此必须着力折中分歧,追求更高层面的融合众说和统摄,他对《锦瑟》一诗的阐释就是如此。《锦瑟》诗旨,长期异说纷纭,刘学锴指出它们"既有其各自的优长与合理性,又各有其自身的缺陷",必须互补和融通。他认为:"(诸种)异说虽貌似互不相干,但实际上却是一体连枝,异派同源。这个'体'和'源'就是具有悲剧身世,在政治生活、爱情生活和婚姻生活上遭遇过种种不幸的感伤诗人李商隐。他的诗,就是上述种种不幸的表现和寄托。"这就在解诗理念上为把《锦瑟》"还原为一个艺术整体"扫清了根本障碍。

切实有用的唐诗鉴赏

　　古典文学研究以整理阐释弘扬我国古代优秀文学遗产为中心使命。紧扣作品,讲清经典的价值,探析成因、总结经验,既是古典文学研究的起点,也应是古典文学研究的归宿。

　　刘学锴早年跟从林庚先生研读魏晋南北朝隋唐五代诗,在长期的熏陶下,很早即意识到"细读文本,特别是最有代表性的作品,始终是研究的基础一步"。在安徽师大中文系,他又遇到了多位看重且擅长古诗文鉴赏的知音。20世纪80年代"鉴赏热"中的代表性著作《唐诗鉴赏辞典》,开篇即录刘学锴为虞世南《蝉》诗所撰的鉴赏,他和同事余恕诚、赵其钧以及研究生周啸天等人,撰写了该书四分之一的文字,为新时期唐诗经典的普及,做出了重要贡献。

写出好的鉴赏,学者不仅需要有一流的文字表达能力,还要具备扎实的文献功底、深厚的理论修养与敏锐的艺术鉴别力。因为长期从事鉴赏工作,且对鉴赏热兴起后正反两方面经验教训都有深察,刘学锴希望能在清人编《唐诗三百首》后,再选出一部"既充分吸收前人对唐诗经典业已定型的认识成果和编选成果,又能反映两个世纪以来经历史淘洗,广大读者品读实践、研究者阐释赏鉴所肯定的一系列新的经典作品和优秀作品,并加以吸纳的新的唐诗选本"。(《选本时时新》)《唐诗选注评鉴》以及以此为基础浓缩凝练而成的《刘学锴讲唐诗》,集中体现了他的鉴赏理念和成就。

文学鉴赏的目的,首先在于发现精品,讲清好处。《唐诗选注评鉴》共选杜诗60题69首,其中《前出塞九首》只选其六,是因为此篇"纯用议论"又"在一气直下之中富于深刻的蕴含,经得起咀味并启人思考";而宛如"一篇幽蓟从军记"的《后出塞五首》只选其二,则考虑本篇尤其"以意境的阔大悲壮著称";《秋兴八首》为组诗却全部入选,是缘于艺术上内在的完整一贯,不容分割。选诗之外,刘学锴的赏析尤见力道,如指出贺知章的"二月春风似剪刀"之所以要好过杜甫、李贺、温庭筠等人的类似诗句,就是因为贺诗在"新巧的比喻中有丰富的蕴含和隽永的诗味、活泼的诗趣"。去取之间,品评辨析,对于日常教学和阅读,无疑都有启示性。

刘学锴的唐诗鉴赏,坚持以实事求是为前提,绝不妄谈戏说。崔颢的《黄鹤楼》首句"昔人已乘黄鹤去",在《唐诗选注评鉴》中,刘学锴将其回改为本初面貌"昔人已乘白云去",除广征历代文献寻找版本依据外,更揭出"白云"用《庄子·天地》"乘彼白云,至于帝乡"之典作为依据。对王湾《次北固山下》异文的比较辨析和定本考订、李商隐《夜雨寄北》正确文本和写作时间的考订,都是在对版本、典故、地理、人事背景深入考察后做出的可信按断。本事方面,《唐诗选注评鉴》选李白的名作《长相思》,既从字面上讲透该诗写男女相思的深情与对所思者的虚化乃至仙化处理,又"以李证李",联系李白天宝三载所作之《单父东楼秋夜送族弟沈之秦》,发明诗中有李白放还后"眷恋玄宗"的政治托寓。这对实现更高层次亦更接近作家本意的诗歌鉴赏,是至关重要的。

刘学锴主张诗歌鉴赏应力戒穿凿。他笺解李商隐的《嫦娥》《乐游原》《无题》诸作,就注意"使诗歌阐释更富包容性、开放性,而不是追求定于一尊"。中唐张籍《节妇吟寄东平李司空师道》,历代均认为有政治托寓。但刘学锴的鉴赏,则首先强调"应将对原题及文本的解读与后来关于此诗本事及托意的分析评论分开来讨论,否则会治丝愈棼,缠夹不清,无法理清头绪",继而在承认此诗确有寄托的基础上,指出其更具超越性的艺术魅力在于"非常真实深刻地表现了人们对婚姻乃至人生缺憾的无奈"。这种坚持把诗当诗读而非当谜语猜的正确态度,有助于对诗歌丰富意蕴的揭示。

刘学锴鉴赏诗歌,尤其注意从具体的诗意诠解中提炼具有普遍性的艺术经验与思想精华。由于刘学锴对中西文论及历史唯物主义等理论都有过深入学习，特别是他自己拥有珍贵的人生阅历，他的鉴赏一般不满足于就事论事，而是希望从诗中读出自己对于文学、对于社会乃至对于生命的体验。《唐诗选注评鉴》中对贺知章"儿童相见不相识，笑问客从何处来"（《回乡偶书》其一）两句的鉴赏，不仅用近乎小说的笔法，精彩还原了"一个极富生活情趣和戏剧性的场景"，而且引出一番深长的人生感慨："人们总是在对照中才强烈感受到自然的永恒和人世的沧桑。"诗歌作者与鉴赏者在这里近乎合二为一。刘学锴对杜甫《丹青引赠曹将军霸》《观公孙大娘弟子舞剑器行并序》等暮年诗歌既文采纷披又情思苍郁的解读，对《秋兴八首》组诗既高屋建瓴，又剥茧抽丝，并上升到对杜甫后期乃至整个中晚唐诗歌情感基调概括的长篇鉴赏，许多论断与发挥，背后可见刘学锴阅世至深后的生命沉吟。

在2018年的一次学术专访中，刘学锴先生说："我自知先天不足，悟性不高，缺乏才气、识见，后天又学养不足，短板甚多……任继愈先生谦称自己是过渡的一代，我只能是过渡的一代中最平凡但多少做了些实事的人。"其实像刘学锴先生这样的学人，既以长期辛劳做出无愧于心、无愧于世的业绩，他们的创造勇气与顽强意志，亦将是推动学术前行的坚实助力。

（作者系安徽省社会科学院研究员。本文原载于《光明日报》2020年11月30日第11版）

学人评论

指引读者开启唐诗的大门

文 / 袁行霈

刘学锴教授毕生研究唐诗,其成果之丰硕,功力之深厚,令我佩服之至。

在唐代文学史上,李商隐是一个具有颇多疑问和争议的人物。刘教授不畏艰难,对他做了系统的研究,成果洋洋16册,既包括其诗文的整理、笺注,又包括对其生平的考证、评论,以及其接受史的梳理,解开了许多长期纠缠着研究者的谜,可以毫不夸张地说刘教授是李商隐研究最有权威性的学者。他对温庭筠的研究具有开山之功,同样是竭泽而渔,系统而又深入。不论谁再研究李商隐和温庭筠,都绕不开这些高水平的成果。

刘教授又是诗歌鉴赏的专家,他选了658首唐诗,加以注释、评鉴,撰为《唐诗选注评鉴》,总计290万字,所选既精,所解又详,能透过字面层层揭示唐诗之奥妙。这好比是给予读者一把便捷的钥匙,指引读者开启唐诗的大门,直取其精金粹玉,并感悟其魅力之所在。在历来唐诗的众多选本中,刘教授的著作无疑是上乘之作。

以上这些著作都是刘教授在安徽师大完成的,如今学校为他出版文集,这不仅是对他本人的敬重,也是给予学术界的一份厚礼。作为一向将刘教授视为榜样的学者,我谨在此向刘教授和安徽师大表示衷心的感谢!

(作者系北京大学教授。本文原载于《名作欣赏》2021年第7期)

"笨功夫"才是真功夫

文 / 程毅中

安徽师大组织编纂出版《刘学锴文集》,我对此敬表祝贺和感谢。祝贺的是,刘先生的学术成果得到了各界的充分尊重;感谢的是,为广大读者提供了方便,也肯定了我在中华书局的工作。刘学锴先生和我是北京大学中文系1956年研究生班的同学,那时照苏联的学制,称作副博士研究生。那年开始,中国文学史课程分四段,第二段是魏晋南北朝到唐五代,由林庚先生主讲,指导的副博士研究生就是刘学锴一个人。他遍读了这一段的作品,深入研究了唐诗,打下了坚实的基础。1959年中文系设立古典文献专业,把他调去教文献学的课程,开了"校勘学"的新课,他又很快适应了新的要求,对古典文献有了更深的修养。这使他对于中国文学史的研究,具备了义理、辞章、考据三结合的优势。

我在1958年底提前分配到了中华书局工作,他就成为我后来组稿的对象。1977年,我主持文学编辑室工作时,他先为中华书局写了《李商隐》小册子。1978年,中华书局和人民文学出版社、上海古籍出版社一起协商分工时，先抓十五个大作家别集的新注，中华书局只承担了屈原、陶渊明、白居易三家。因为中华书局在文学方面力量较弱，在三大家之外我优先约了刘先生的李商隐集新注本，这可以说是第十六个大作家的新注本了。他与余恕诚先生合作，较快地完成了《李商隐诗歌集解》，1988年出版后，深得好评，也为中华书局争得了荣誉，接着出了《李商隐资料汇编》和《李商隐文编年校注》，我非常感谢他对我工作的支持。李商隐诗注家很多，但留下了许多谜团，正是百家争鸣的一个典型案例。刘先生采用集解的方式，既充分介绍了前人的成果，又提出了自己的按断，有许多是深入研究全部作品后所得的结论。就是说用书求广，校本求善，分析求细，按断求新，这对李商隐诗来说，是最好的做法。他还发扬了林庚先生精于鉴赏的特点，发挥自己的悟性，熔校注评鉴于一炉，让读者从读懂进入到鉴别欣赏的门径，并通过李商隐这一个点再推广到唐诗的若干点、若干面，做到了求是与择善的完美统一。后来又为中华书局编撰了《温庭筠全集校注》。他自己说是"攻其一点，不及其余"，这是谦虚的说法，这个"一点"是在通读了许多集部书和《全唐诗》的基础上才选定的突破口，不是随意碰上的。对李商隐诗歌下的"笨工夫"是真功夫，写了150万字的校、注、评、笺，有了许多新的发现和结论。《李商隐诗歌集解》出版后，还继续深入，2002年对《李商隐诗歌集解》做了修订，又增添了14万字。他自述的经验是：不怕麻烦，全面搜集前人、今人已有的校注、笺评、考证、研究成果，将该作家的全部作品从头到尾、逐字逐句地细读。应该说，他的"全面搜集""从头到尾""逐字逐句"，都是经过实践的"真功夫"。此后他编著的《唐诗选注评鉴》也发挥了他的特长,综合了校、注、评、笺的方法,做出一部深入浅出的中型唐诗选本,比以往的鉴赏辞典提高了一大步,给专业的和一般爱好的读者提供了一部新的唐诗选读本。这部选本很有特色,得到了广大读者的好评。他有意识地为年轻的教师提供帮助和指导,解释之后侧重鉴赏,在相对普及的基础上逐步提高,切实有用。

刘先生还总结了他的治学经验,给我们分享,我觉得非常重要。第一条是,笨人用笨工夫,也可以做一些有用的工作。他自视为"笨人",当然是谦辞。但有天赋的通人毕竟是少数,对于大多数人来说,只要肯下功夫,就可以建立信心。同时也是鞭策和劝诫,千万不要自作聪明,"投机取巧"。

第二条是前人已经有很丰富的研究,后人也可以做出成绩。这也是对大多数人的鼓励,不要妄自菲薄,要有自信。今人的条件比前人好得多,理应把工作做得更好。

第三条是自知才学有限,不如集中力量攻其一点。"才学有限"也是他自谦之辞。但天下有几个没有短板的全能运动员呢?对于大多数人来说,在初具通识的基础上先深入一点,还是务实的循序渐进的战略思想。"一点"是突破口,并没有限制你再攻第二点、第三点。一开始就提出好高骛远的目标,往往会流于空谈。刘先生的经验之谈,自有其积极的鼓舞人心的普遍意义。我们要辩证地看待他的自谦之辞,他的起点是很高的。正因为他写出了好几篇同道学者不能不参考的文章,才"推动了文学史有关章节的改写",这是高标准的要求。

我认为刘先生的经验之谈是高标准、低姿态。这就是我要学习的榜样。当然,普及性的读物也是我们应该写的。现在安徽师大编纂刘先生的文集,是便于学者、嘉惠后学的大好事,我竭力赞赏。从我的本职工作来说,希望传承刘先生古籍整理方法的作者越来越多,他们将坚持守正出新,针对不同的书,采用不同的体例,做出各有特色的新注本来。

我们那一代曾受到国家重点培养、名师指导的过渡人物,已经寥若晨星了。刘先生做出了优异的成绩,起到了承先启后的作用,是我们的楷模。他还谦虚地说:"我只能说是过渡的一代中最平凡的,但多少做了一些实事的人。"实际上这是很高的标准啊!当然,他做了不只"一些实事",还培养了许多优秀的新一代教师。

安徽师范大学对刘学锴先生的工作给了很多支持和鼓励,这是令人非常佩服的。以前有些高等院校不把古籍整理看作学术成果,而安徽师大对古籍整理一贯重视,我对此表示深深的敬意。

(作者生前系中华书局编审。本文原载于《名作欣赏》2021年第7期)

闲话李商隐的文集

文 / 顾农

诗人李商隐当年以擅长骈体应用文著称,好几位可以自辟僚佐的大员(如桂管观察使郑亚、武宁军节度使卢弘止等)请他去担任秘书,另外又有若干官员请他写某一篇文章——那时官场里的应用文例用骈文(所谓"今体文"),社会上也普遍重视此种文字。李商隐对自己这些应用文字相当重视,曾先后自编过两本集子。

第一本自编文集《樊南四六》(亦称《樊南甲集》)是大中元年(847)十月他任职于桂管观察使郑亚幕府时编成的,其序言写于他奉派赴南郡(今湖北江陵)谒见荆南节度使郑肃的舟行途中。这篇序言告诉读者:李商隐坦陈自己原先是写古文(散文)的,后来才专攻今体(骈文),从此往而不返,尽管弟弟很不赞成也置之不理。自己学写骈文的老师是令狐楚(天平军节度使、郓曹濮观察使,封彭阳郡开国公)和崔戎(华州刺史),自己所师法的前代大师则是南朝的任昉、范云、徐陵和庾信。骈文应讲究对偶("好对")和用典("切事"),更重要的是要写得生动,充满感情。从这里可以知道,李商隐的文稿是随身携带的，编集时曾有所改订。他的编辑工作完成于今湖南省境内，同时也流露出他此时踌躇满志，自视甚高。

他第二本自编骈文集《樊南四六乙》（亦称《樊南乙集》），大中七年（853）十一月任职于东川节度使、梓州刺史柳仲郢幕府期间编成，其序言中列述自上次编辑《樊南四六》以来的经历。与上次很热心地自编《樊南四六》不同，这次是应一位爱好者杨本胜的请求而编，自己的积极性并不高。他说自己态度改变的原因是"丧失家道，平居忽忽不乐"，妻子王氏去世了，自己情绪低落，意兴阑珊，对于文章已无兴趣——这里没有提到而实际上大起作用的是，政局发生巨变，对前途已无信心。上次编集大约是有文即录的，这次却删掉一二百篇，其原因他没有说，估计也很可能同形势的变化有关。

不过，如果真是文章"非平生所尊尚"，那么这样的续集也就大可不必再编，应杨本胜之请编出来后也不必彻夜无眠。从字里行间看去，李商隐内心深处很矛盾。先前的豪情已丧失殆尽，只剩下感慨。

李商隐自编的这两部集子专收骈文，至于他的古文和辞赋则另行编集，所以《新唐书·艺文志》除著录他的骈体文甲乙二集凡四十卷之外，另有《赋》和《文》各一卷。可惜后来所有这些集子全都亡佚了。今天所能看到的李氏文集都是后人的辑佚注释本，计有三种：

一、《李义山文集笺注》十卷，清人朱鹤龄、徐炯从《文苑英华》《唐文粹》等书中搜集整理出李文一百五十篇，由徐树榖、徐炯分任笺、注。此集有开创之功。

二、《樊南文集详注》八卷，其文本基础是上述徐氏笺注本《文集》，清人冯浩重加删补订正，另作空前详备的注释，订正了二徐注本的许多误失。冯浩是著名的李商隐研究专家,他另有《玉谿生诗集笺注》和《玉谿生年谱》,他这三部书成了后来研究李商隐的重要基石。

三、《樊南文集补编》十二卷,由清人钱振伦从《全唐文》中辑出未见于《李义山文集笺注》和《樊南文集详注》的李商隐文二百零三篇,并与其弟振常分任笺、注。《全唐文》中的李文来自《永乐大典》,大抵是一般读者前所未见的,这两百多篇文章的单独结集大大增加了人们对李商隐的了解。

将上述成果加以总结并大力向前推进的是近贤刘学锴、余恕诚二先生合撰的《李商隐文编年校注》,凡五册,中华书局2002年版。这部书的好处是将现存全部李商隐文(以骈文为主,也有少量的辞赋和散文)三百五十余篇一网打尽,详加校勘,予以编年(少量无法编年的列于编年文之后),并汇集多种旧注,重加订补,其间又充分吸收了张采田《玉谿生年谱会笺》和岑仲勉《〈玉谿生年谱会笺〉平质》等较新的考证成果,成为集大成的重大成果。

刘、余二先生又先行出版了《李商隐诗歌集解》(凡五册,中华书局1988年初版本,2004年增订重排本)和《李商隐资料汇编》(凡二册,中华书局2001年版)——他们的这三部书代表了迄今李商隐文献整理的最高水平,估计在今后相当长一段时期内都将发挥重要作用,而且无可取代。

(作者系扬州大学教授。本文原载于《中华读书报》2013年9月18日第14版)

刘学锴先生的李商隐研究

文/董乃斌

《刘学锴文集》10卷22册1200万字,犹如漫漫学术路上的一座高山,令人肃然起敬,仰之弥高。收入《刘学锴文集》的多数著作,当其初版之时,我都曾有幸获得刘老师的亲赠,读后获益良多,有的不止读过一遍,在工作中经常翻阅,成为案头常备之书。这些年来,看到它们一次次修订重印,日益精谨完备,直至今日聚为文集,一方面深感其艰辛不易,一方面倍感亲切钦佩。

刘老师是唐诗专家、资深教授,几十年教书育人,桃李满天下。对唐诗,特别是晚唐李商隐、温庭筠的研究,是集大成式的、总结性的,格外系统深入,超越前人,引领潮流,在当代独标高格,给我的帮助也最大。我在进行李商隐研究之初,就读到刘老师和余恕诚老师合作的《李商隐诗歌集解》,后来又读到刘老师的系列著作,真是一种幸运。如果说我在李商隐研究上略有成绩,那么与刘老师他们的研究所奠定的学术基础是分不开的。

除温、李研究的具体帮助外,刘老师学术之路给我的最大启发是他认准目标,确定方向,锲而不舍地把研究做深、做细、做全、做透的毅力和恒心。他的做法,从文献资料的搜罗和考辨来说,是竭泽而渔、涓滴不遗,学风极为严谨;从义理、辞章的论析鉴赏乃至作家作品的文学史地位与影响研究来说,则是多角度、全方位地挖掘和观照,思维缜密,逻辑周严,把文章直做到题无剩义为止。这部《刘学锴文集》是刘老师用一生精力一个字一个字写在纸上,经过多年沉淀升华,才成为今天这样的作品,这里面有太多的汗水,太多的心血,承载着刘老师对中国古代文学无限的热爱和忠诚,也是留给后辈极宝贵的精神财富。

  刘老师做学问,继承了我国古典文学研究的优良传统。他学术功底深厚,做事又极为认真,绝不马虎含糊,他谦称这是笨功夫,其实,这才是真功夫。《刘学锴文集》充分显示,他的研究,既是向古典学术的深处开掘,又是在当代学术的前沿探索,比如,对李商隐、温庭筠的历史评价,特别是李商隐在唐诗史上地位的变化,就都与刘老师的学术贡献分不开。而且他既关注学术的提高,也倾力于古代文学的普及,花大力气写了许多深入浅出的唐诗鉴赏文章,受到广大读者的欢迎。

  还必须提到,刘老师对西方文论,对我国文学研究界的新动向、新方法,也非常关心留意,而不是不屑一顾。对于后辈学者的研究成果,哪怕仅是一得之见,也总是给予热情的支持鼓励。我在李商隐研究中,在李商隐研究会的活动中,就多次得到刘老师的帮助和指点。我的《李商隐的心灵世界》出版后,寄书向他请教,他还特地撰文评论,发表于《文学遗产》,以示对后进的提携。

刘老师学问好,学术成就大,最关键的是人品好。学错学锴,不愧为我们学习的楷模,我为之衷心一赞!

(作者系上海大学教授、中国李商隐研究会原会长。本文原载于《名作欣赏》2021年第3期)

评刘学锴、余恕诚《李商隐文编年校注》[1]

文 / 董乃斌

安徽师范大学教授刘学锴、余恕诚十年磨一剑，终于完成134万字的《李商隐文编年校注》，并于2002年3月由中华书局出版，从而与他们所著的《李商隐诗歌集解》、所编的《李商隐资料汇编》形成一个李商隐研究成果系列，为今后的李商隐研究奠定了更坚实的文献基础。

晚唐杰出诗人李商隐在文学史上向以诗名，其实他也是很有成就的文章家。他"十六能著《才论》《圣论》，以古文出诸公间"（《樊南甲集序》），后在令狐楚门下学会并精通"今体"，即当时官方章表奏启应用的骈体文。因其大半生为人作幕，撰写骈体的公私文书就成了他的职业和谋生手段。他生前曾自编文集《樊南四六甲集》《乙集》，各20卷，800多篇，遂确立了骈文家的地位。但从现存文章看，其古文成就也很高，只是数量可能不及骈文而已。

---

[1] 刘学锴、余恕诚《李商隐文编年校注》，中华书局2002年版。

研究樊南文有多方面的意义。第一，它们多数虽系应用文章，却同时也是美文，本身具有很高审美价值；第二，樊南文与玉谿诗有深刻的内在关联，参照研究可收相得益彰之效；第三，这些文章的写作与李商隐平生行迹和个性学识密切相关，是考证其生平、思想的重要资料。正因为如此，樊南文早已引起历代研究者的重视。在《文苑英华》《唐文粹》《永乐大典》和清编《全唐文》所收李商隐文的基础上，清人先后有《李义山文集笺注》（徐树毂、徐炯）、《樊南文集详注》（冯浩）、《樊南文集补编》（钱振伦、钱振常）的编撰。近人张采田《玉谿生年谱会笺》和岑仲勉《〈玉谿生年谱会笺〉平质》，在考证李商隐生平时，也对他的文章作了精深的研究。

前人的研究是开创性的，但也因此存在着许多欠缺。最明显的问题是各本均非李商隐文全编，而只是分别刊载了李文的一部分；其次是均为分体编排，虽然编者对各篇文章的作年有所考证，但毕竟前后错杂，读来不免头绪纷乱；至于笺解注释存在一些错误或未尽之处更是意料中事。刘、余二位的《李商隐文编年校注》充分利用前人成果，把这一研究向前大大地推进了一步。他们以多年研究李商隐其人其诗其文的深厚积累，对现存李商隐文作了系统的、总结性的整理，向读者提供了一个精审可信、资料详备、编排合理因而极便利用的本子。此书已成为今后深入研究李商隐的新出发点和必读书。

《校注》撰者的工作，是"在徐、冯、钱三种笺注本及张、岑二家考订补笺之基础上，进一步作系年考证、校勘、笺注，合本集与补编为一编，改分体编次为编年"（《凡例》）。其书5册，录李商隐编年文

335篇，未编年文17篇，另有前人辑得和撰者新辑的佚句若干，是目前收录李商隐文最全的文集。每篇文下分条辑录诸家系年考证和笺校注释，使本书带有集注的性质，读者一书在手就能遍知各家观点；每篇文章的［注一］例为系年考证，列出前人说法之后，即在"按语"中提出自己的判断和编年依据，由于撰者对李商隐诗文做过全面深入研究，对晚唐史十分熟悉，可谓既有全局在胸，又能曲达旁通，因此无论是沿用陈说，还是自创新论，都能扎实有力、理由充足，每条［注一］和按语也就成为最集中体现《校注》撰者研究功力和成就的所在。以后的诸条注释也是如此，撰者细审前人的校笺注释，择善而从，纠正讹谬，并作大量"补注"和按语，对用典甚多的《樊南四六》做了很好的疏通诠解。全书按语（含每篇［注一］）1723条，补注5294条，合共7017条，由此可见《校注》撰者工作量之浩繁，全书的学术质量亦由此得到保证。书后附录载李商隐文佚篇篇目、分体目录、历代史志著录及序跋凡例等资料，这也体现了古籍整理的规范。

　　笔者对李商隐研究十分关注，初读《校注》即感收获良多，可惜本文不能一一缕述，兹略举数例，以窥《校注》学术价值之一斑。

　　先说李商隐文的系年考证，这是《校注》工作的主体和重点。冯、钱、张诸位虽已创始于前，且颇有精到之处，但有些地方还是比较粗略，错谬亦复不少。例如，冯氏号称严谨，但其《详注》卷六《为李兵曹祭兄濠州刺史文》竟擅改原文以就己说（将原文"竟陵山水"改为"严陵"），指"李兵曹兄"为李文举，谓"文为义山东川归后所作明矣"。张氏《会笺》指出了冯氏凭虚臆决，武断改文的错误，但仍认为此文"何年所作,无从悬测",故将其置于"不编年文"中。刘、余《校注》首先校正原文,然后根据《新唐书·宰相世系表》《册府元龟》中有关材料考出李兵曹之兄是李从简,并据《唐会要》及此祭文推定从简行年、卒期,遂编此文于会昌元年。这就纠正了前人的错误,解决了前人未能解决的问题。

类似的例子很多,像钱氏《补编》也有擅改原文的问题,见《为濮阳公上淮南李相公状三》,《校注》自然也给予纠正。又如《为濮阳公陈许奏韩琮等四人充判官状》《为濮阳公陈许谢上表》《为濮阳公陈许举人自代状》诸表状,冯、张一律置于会昌元年,刘、余《校注》则依据史文将它们分别考定为开成五年十月和十一月所作,并且进一步指出冯、张致错的原因:"冯、张因力主开成五年九月至会昌元年正月商隐有所谓'江乡之游',故将商隐代拟之陈许诸表状启牒统系于会昌元年正月。现既证明茂元出镇陈许在开成五年十月,商隐又随往陈许,代拟一系列表状,则开成五年九月至会昌元年正月,商隐无江乡之游,益可定论。"(第502页)

原来,在李商隐生平考索中,有一大聚讼公案,即他在唐文宗开成末至武宗会昌初(840~841)的秋末至春初是否有过一次"江乡之游"。冯浩笺注玉谿生诗,"从篇什中参悟",首创义山开成五年辞弘农尉后曾南游洞庭江湘一带的说法,并举出《崇让宅东亭醉后沔然有作》诗"新秋仍酒困,幽兴暂江乡",认为就是指此而言。这是一个大胆的假设,张采田《玉谿生年谱会笺》表示完全赞同。后虽有岑仲勉质疑,但冯说影响仍然很大。刘、余二位早在笺释李商隐诗时,已提出不同意见,论证了"江乡之游"的不存在。当时主要是从义山哭、赠刘蕡的几首诗的创作时间上提出怀疑,后因发现刘蕡之子刘理的墓志拓本,知刘蕡之死不在会昌初而更坚定其说。现在笺注李商隐文,对这段时间内李商隐文章做了细致考订排比,进一步弄清了义山的行踪:开成五年九月辞弘农尉→至济源移家→十月到达关中,置家长安→应王茂元召,赴陈许幕→本年末次年初,又曾寓华州周墀幕。《校注》本从《上河阳李大夫状一》到《为京兆公陕州贺南郊赦表》共十九篇文章,清楚地说明了商隐此间的活动。在《上李尚书状》的[注一]中,撰者按语详细论证了此文"系(义山)移家抵达长安后所上","当上于开成五年十月十日或稍后"。并据此后数文指出"商隐移家关中后不久即赴陈许。茂元镇陈许,招其前往……,其时约在十月下旬。在陈许幕为茂元草拟表状牒文多篇,岁末年初,又曾寓华州周墀幕,有为周墀、韦琮所拟表状"。有了这些具体证据,就使其结论"即此亦可证开成五年九月至会昌元年正月,商隐绝无冯、张所谓'江乡之游'"(第461页),更加坚牢可信。像这样从实证出发对商隐行年作出大大小小订正的地方,在全书中所见多有,破"江乡之游"说,只是其中较突出的一例。这些地方显示了《校注》很强的学术性。

　　《校注》撰者前曾出版《李商隐诗歌集解》,故往往能联系诗文作全盘考虑,对义山生平行踪提出新见。此点给我印象很深。《剑州重阳亭铭》一文,徐树毂辑自《全蜀艺文志》,冯浩对其真伪有所怀疑,认为此文杂有明人杨慎文字。《校注》根据《全唐文》《金石录》等书论定其非伪,并详考其文所涉人事,均一一与史吻合。此文末署大中八年九月一日,文中提到的当时兴元尹、山南西道节度使是蒋係(大中八年至十一年在职),《校注》撰者马上想到"冯浩《玉谿生诗集笺注》将《行至金牛驿寄兴元渤海尚书》系于大中十年商隐罢东川幕随柳仲郢还朝途中,显误。此当是大中八年之前封敖尚在兴元任时商隐另有一次行经金牛驿至京或至兴元之行程。此诗之系年当改"(第2194页)。后来果然以此为契机深入探索,做出了义山在梓幕的五年中曾有返京之事的崭新推断(见《文史》第58辑所载刘学锴《李商隐梓幕期间归京考》一文)。倘非撰者精熟义山诗文并善于联想,便不会有此发现。

  冯浩、张采田对商隐文的编年,考证基本到年,然后大致按写作年代先后排列,《校注》撰者除纠其错漏外,又进一步细辨写作时间,尽可能从文章本身或参照史文弄清季节、月份甚至确切的日子。例如,《为安平公(崔戎)兖州奏杜胜等四人充判官状》,冯、张没有细考状文,即想当然地将其置于《为安平公兖州谢上表》之后,《校注》则指出四人皆为崔戎华州刺史时僚属,故崔于三月接到任命即行奏辟,状文应写于五月到任后的《谢上表》之前。时间虽只差两月,但写作确有先后之不同,《校注》的系年显然更准确。又如《为尚书濮阳公(王茂元)泾原让加兵部尚书表》及致中书门下诸相公状等七篇,钱、张之笺均未详考作时,《校注》考出商隐入王茂元泾原幕为开成三年暮春,乃定诸文作于此年春夏。《为濮阳公上杨相公状》等一组文章,钱笺亦未定作时,而张笺系年小误,《校注》考定数文系杨嗣复、李珏、陈夷行等人由准相即真时所作,当在开成三年九月,而不是如张笺所说的在这之前。《为濮阳公与刘稹书》是樊南文中重要的一篇,冯、张均将其系于会昌三年,这是对的,但未细考月日。《校注》根据文中称刘稹为太傅,结合朝廷赠、削其称号的制敕下达的时间,精确考定其文当作于刘稹已被赠太傅而后又被削之前,也就是会昌三年五月七日到十三日之间,此等处都见出《校注》撰者的细心认真,故能在系年考证上超过前人。

　　再看校勘。校勘并非纯技术性事务,校者需对文章有全面正确的理解,否则面对异文将会无所适从。如《代安平公遗表》"超擢之际",冯注改为"迁擢",并谓:"以形近,讹'迁'为'超'也。"《校注》在核校诸本并统贯上下文后,指出"作'超擢'正与下'独出常伦'相应,冯改无据"。(第85页)如《上郑州萧给事状》"便垂延纳",钱注本作"使垂",张笺就此发挥,距事实更远。《校注》则予以改正(第92页)。又如《上河中郑尚书状》,题目诸本均同,但文中内容与义山身份经历显然不合,《校注》乃细考史文,说明此文实为义山代王茂元所作,题目应加"代濮阳公"四字(第335页)。再如《为尚书渤海公举人自代状》,诸家初以"渤海公"为高元裕,然按元裕解读此文则与史不符,文意扞格。《校注》从本文内容入手,考明文中所谓"方营鄜毕,肇建园陵"是指为唐武宗建陵墓,故文章应作于会昌六年,此时京兆尹是韦正贯,他确有可能举周墀和崔龟从自代,文中所举周、崔历官与二人会昌末的情况正相符合,若然,则此文题目应为《为京兆公(韦正贯是京兆人)举人自代状》。考校到此,本可径改,但《校注》撰者还要追问:为什么会发生这个错误呢?于是根据义山文集中不止一次出现的前题与后文相接(前文失去,后题亦失)的情况,作出推断:"颇疑商隐曾为高元裕、韦正贯各拟举人自代状,二状相连,抄手脱写《为尚书渤海公举人自代状》之正文与《为京兆公举人自代状》之文题,遂将前题与后文合而为一。(此种情况,与《为汝南公元日朝会上中书状》颇为相似)"(第1163~1164页)。虽是假设,却深入了一层,且所据不是孤证,所论合乎情理,如非对商隐文集玩之甚熟,很难有此妙悟。更有甚者,《校注》撰者竟能发现义山作文的一个习惯性错误。《为濮阳公与刘稹书》《梓州道兴观碑铭》两次用到"壮室之年"这一成语,但两次都系"强仕之年"之误。前文指刘从谏,当时他四十一岁,故可云"才加强仕之年"。(《礼记·曲礼上》:"三十曰壮,有室;四十曰强,而仕。")后者义山自指,作此《碑铭》是大中六、七年(852、853),义山也是四十岁左右。据此,《校注》在按语中指出应予校改的意见。此等处显然已不是一般的文字校理。

最后略说补注。全书补注五千多条,有的纠补前人之失注或错谬,如《奠相国令狐公文》"昔梦飞尘,从公车轮",徐注引《帝王世纪》梦飞尘而得风后事,迂曲而不切文意。刘、余补注则曰:"此'飞尘'盖指车尘,非用风后之典,视下句'从公车轮'可知。"(第211页)又如《为濮阳公上杨相公状一》"兰台超假于前行",钱笺失注"前行",引《汉书·百官公卿表》谓兰台是御史台或宫中藏书之兰台,则此句与王茂元无涉。刘、余补注首先引《唐会要》释唐代尚书省六部以兵、吏与左右司为前行,以刑、户为中行,以工、礼为后行,凡升迁须由后而中而前,再据应劭《汉官仪》释兰台为兰省,即尚书省,则此句乃切王茂元超擢兵部尚书事。此外如对"列校"(《为安平公谢端午赐物状》)、"两胁气注"(《代安平公遗表》)、"关试""长道"(《上令狐相公状六》)、"户小"(《刑部尚书致仕赠尚书右仆射太原白公墓碑铭》)、"弟瘦兄肥"(《为濮阳公上汉南李相公状》)、"假名省署"(《为濮阳公贺牛相公状》)、"接旧阴于桃李"(《祭裴氏姊文》)等词句的补注,均属此类。

有的补注是对文章含义作更深入的解释阐发和辨正,如《为濮阳公附送官告中使回状》《为濮阳公泾原谢冬衣状》两次用到"垂露"一词,旧注仅谓此是书法中的一种笔法,补注则更引庾信《谢明皇帝赐丝布等启》"垂露悬针,书恩不尽"语,指出其双关书法与君王恩泽之意,解释无疑加深一层。又如《祭外舅赠司徒公文》是义山悼祭岳丈王茂元的,不免对王有所美化,如说他在岭南时廉洁,《校注》引《旧唐书·王茂元传》后,指出:"茂元在岭南虽有政绩,然颇积财货,'酌泉'数句表其廉洁,与史载相违。"(第880页)《上许昌李尚书状一》"上谷受符,值卿子丧元之后"一句,旧注失考,《校注》则补出易定节度留后李士季因不允三军擅立新使而被杀害之事,以具体说明状文"尝在重难之地"的含义——李尚书(执方)曾出镇的易定乃骄兵悍将横行的"重难之地"(第974～975页)。此类例子比比皆是。樊南文多与晚唐史事相关且用典频繁,因而今日读者感到比较隔阂难懂,《校注》的这些补注无论对于专业研究者还是一般读者,确有很大帮助。

(本文原载于董乃斌所著《近世名家与古典文学研究》,上海大学出版社2005年版)

以专业的工匠精神仔细打造的精品

文 / 董乃斌

感谢中州古籍出版社,把刘老师精心撰著的唐诗选本出得这么好!感谢安徽师范大学特别是安师大文学院、中国诗学研究中心为此召开这样隆重的会议,使得各地的唐诗研究者能够汇聚一堂,就刘老师这部书和选注唐诗的学术问题进行研讨,以便把唐诗这份无价的文学遗产瑰宝更好地奉献给人民大众,在社会主义文化建设中发挥更大的积极作用。

刘老师是我尊敬的学长,是我的良师益友。还在刘老师和已故的余恕诚老师以安徽师范大学中文系古典文学教研室的名义出版《李商隐诗选》的时候(20世纪70年代末),我就开始读他们的书。后来他们合著的《李商隐》《李商隐诗歌集解》《李商隐文编年校注》《李商隐资料汇编》,以及刘老师所著的李商隐和温庭筠两本《评传》和《李商隐诗歌接受史》《温庭筠全集校注》等,对我的教学研究工作都给予了很大的帮助。刘老师又是李商隐研究会的第一任会长,他任职期间,做了许多具体工作,把学会办得欣欣向荣。

在与他的共事中，我学到了许多东西。

刘学锴老师首先是一个严谨的古代文学研究专家。但他也一直非常重视古典文学的普及工作。在上海辞书出版社的《唐诗鉴赏辞典》里就有他写的很多篇章。后来社会上鉴赏热消退，但刘老师普及唐诗的热情却从未减弱。他始终关注社会的需要，在这方面做了很多工作，单是李商隐诗的选注，就有好几种，而且都有不同特色。眼前这套《唐诗选注评鉴》更是一部花费多年精力，以专业的工匠精神仔细打造的精品。刘老师撰写的时候，心里装着方方面面的读者，有着明确的为读者服务的目的。从选目到体例，到注释行文和整个书的规模体量，一切从读者的全面需要考虑。既融汇了前人的研究成果，又把他多年来研究唐诗的心得体会，都熔铸在书中；既做到通俗普及、切实有用，又不忘学术性和提高的目标。所以出版以来，受到读者的热烈欢迎是意料之中的事。再经过他持之以恒地补充修改，势必成为能够反映近年唐诗研究最新成果的优良选本。而积以时日，就很有希望成为广为流传的当代经典选本。据说，刘老师和出版社接着将以此为基础，精选出一本选目更精粹、篇幅更紧凑、堪与广为流传的孙洙《唐诗三百首》媲美的小型选本，这是非常值得期待的。

唐诗是世界公认的中国诗歌艺术巅峰，唐诗在中国文化中的地位和价值是怎么评估都不会嫌高的。中国人永远喜爱唐诗，也永远需要各种体量和编写体例的唐诗选本。刘老师在这方面的贡献，一定也会与时长存。

〔本文是作者在2019年6月30日召开的《唐诗选注评鉴》（十卷本）出版座谈会暨唐诗选本研讨会上的发言〕

两种唐诗选

文 / 陈尚君

这几年国学热,常有朋友问我今人唐诗选何者为好,愿在此介绍两种,一是马茂元先生《唐诗选》(上海古籍出版社2017年11月新版),一是刘学锴先生《唐诗选注评鉴》(中州古籍出版社2013年9月版)。

马茂元(1918~1989)为清季桐城派殿军马其昶之孙。幼承庭训,熟读历代诗文,于唐诗研究卓有建树。尤倡导在背诵吟读基础上,体会唐诗的文辞之美、音节之美和意境之美,注意文史互取,知人论世,揭橥名篇,解读英华,详尽注释,准确阐释。生逢世变,不改风雅,于20世纪50年代初选唐诗,真诚考虑时代之阅读需求,当时篇幅约20万字。历时30年,反复斟酌增订,直到去世,接近完成,复经受业门人刘初棠、赵昌平等依循师意,缀补完成,至1999年出版,增至90万字,备受读者欢迎。

马茂元《唐诗选》优点,一是选诗500多首,吸取清编《唐诗三百首》之成就,削除少数不适应今日读者的篇什,照顾唐诗各时期各流派作者的成就,遴选之精当,眼光之独到,远在前书之上。二是选诗兼顾思想艺术成就,要以造诣精妙、意境优美之篇章为主,将唐诗中最优秀的作品,向一般读者作负责任的介绍。三是注释准确充分,既避免掉书袋式的堆砌,又注意适合中等文化程度读者阅读之需要。马先生旧学根柢深厚,解读字斟句酌,深入浅出,达到很高的解说水平。四是积极吸取当代唐诗研究的前沿成就,所作诗人小传、诗歌本事、系年总评,都具有较高学术水平。更值得称道的是,本书最后定稿于马先生缠绵病榻之时,赵昌平亲承遗意,投入很大精力完成遗著的写定,最后出版时退逊而不署名。据我所知,此书可以视为两代唐诗学者的学术结晶,也可以见到老辈学统和道德的继承发扬。

刘学锴,1933年生,浙江松阳人。早年就读、执教于北京大学中文系,中年后任教于安徽师范大学文学院。他与余恕诚合著《李商隐诗歌集解》,对向称难以解读的李商隐诗,作了堪称当代集大成的解读,曾获首届国家教委人文社科著作二等奖。其《李商隐文编年校注》获第六届国家图书奖。他又独力完成《温庭筠全集校注》与温、李二家之传论,为同辈学者之翘楚。

《唐诗选注评鉴》为刘学锴75岁后所著,历时四年多方完成,可以说是长期坚持细读文本、寻绎诗意,晚年集中解说唐诗的总结性著作。全书将近300万字,选诗650首,宗旨为:"从选诗的数量和质量上较充分地体现唐诗的艺术成就,从整理的方式上为广大读者提供较为翔实的注释和丰富的资料,并为读者的鉴赏提供一些比较切实的参考。"他分选诗、校注、笺评、鉴赏四个部分揭示此书的追求。选诗,以有诗情诗味为第一要旨,以是否有成功的艺术创新为参考,也考虑到诗意的艺术完整,不取有名句而整体庸弱的作品。校注,用力极勤,且涉及诸多方面。虽然用一般《全唐诗》作底本,不能说最好,但涉及重要异文时,注者穷搜深究,真值得佩服。如崔颢《黄鹤楼》首句,列举明初前各种选本都作"昔人已乘白云去",作"黄鹤"为明中叶以后妄改,并认为此句用《庄子·天地》"乘彼白云,游于帝乡"典,纠正明清人的臆解。我还可以补充更多书证,如敦煌文本、宋太宗手书、王安石《唐百家诗选》的两个宋本,都作"白云",可谓确凿不移。对涉及作诗背景、写作年代、作者归属的考证,也比一般选本大为详细。将"白日依山尽"明确划归朱斌,有确证和勇气。三是笺评,汇聚历代疏解评论,作者将其看作一首诗的接受史料来选取。最后是鉴赏,作者说致力于"在疏解诗意、再现诗境的同时对全诗的艺术风貌及特色进行一些品评",最为精彩。

  就两部选本而论,则刘著曾参考马选,也刻意保持不同。选诗方面,如沈佺期、宋之问,马选5首,刘选7首,同者仅4首;韩愈,马选13首,刘选22首,同者仅8首,补《唐诗三百首》之不足,反映了韩诗的全面成就。两书都选入一些被历代选家忽略的好诗。如马选杜甫《送路六侍御入朝》,认为写出"久别重逢,乍逢又别,别后会见无期"的复杂感受。就注释、评鉴来说,两书有简繁之别。马注多直接明白,需讨论处不过百来字,刘注则不辞繁重,希望将各家意见传达出来后作折中的判断。评鉴,马多数语折简,直指肯綮,刘则详尽分析,务使寓意毕呈。如歌妓刘采春所唱《啰唝曲六首》,两家选了相同的三首,其一,"不喜秦淮水,生憎江上船。载儿夫婿去,经岁又经年"。马评:"恼水,恼船,却不恼人,痴语情深。"刘则认为末句包含"多少思念和牵挂,多少孤寂和痛苦,多少期待和失望"。其二,"莫作商人妇,金钗当卜钱。朝朝江口望,错认几人船"。马评次句:"富足矣,奈何情爱常不足。"谓末句较温词"过尽千帆"来,"尤觉纯朴可怜"。其三,"那年离别日,只道住桐庐。桐庐人不见,今得广州书"。马认为"妙在以桐庐顶真,又翻出广州作殿,使有'更行更远更杳'之意"。刘读二诗都看到商妇的苦闷与怨怅,"直起直落中有无限含蓄"。见解之差异,可以从两位选家的年辈、眼光中体会,就读者言,可得到多元启示。

当然可议处都有。两书都选张旭《桃花溪》,我较认可莫砺锋教授认为诗出北宋蔡襄所作的考证。前引《啰唝曲》,最早的《云溪友议》已说为"当代才子所作",马选不署刘名而归乐府诗,刘选仍署刘采春,似可再酌。还要说到的是,刘著篇幅太大,出了城砖般的两册后,也没有很好的宣传和发行,乃至不为世知。

我始终觉得,唐诗热的阅读和欣赏水平需要不断提升,不能一直保持在童蒙层次,因此乐意介绍当代最好的选本给读者。

(作者系复旦大学教授、中国唐代文学学会原会长。本文原载于《文汇读书周报》2018年4月23日第3版)

体现文学本位、读者本位的唐诗选本

文 / 莫砺锋

我每次看到刘先生,都想到一句古话,"桃李不言,下自成蹊",先生确实是有这样风度的。

承中州古籍出版社的好意,让我为刘先生这本书写几句宣传词,我写了这么三句话:披沙拣金的选目,广征博引的笺评,独有会心的鉴赏。现在印在每一本的封底。大家看刘先生这本书的书名《唐诗选注评鉴》,它本来应该有四个内容,我只写了三句话。这三句话分别针对一个字,就是选、评、鉴,就是选目、评笺和鉴赏,唯独注我没写。因为我觉得里面选的654首诗,都是名篇,这些名篇都已经反复注过了,所以我觉得在注的方面还说不上是刘先生的一家之言,就没写。那么这三句话,是我读了这本书后心里的一个感想。我是读的第一版,就像陈尚君文章里说的,刘先生这本书厚如砖块,真的厚如砖块。因为我是搬过多年砖的人,一个砖有多重,我是很清楚的,但我还是认认真真地把它从头到尾读了一遍。读了以后,我就觉得这三个方面都很好。那么,我下面稍微说几点我的感想，我从后面开始说起。

第一，刘先生这本书，我觉得最好的、最有价值的是鉴赏部分，他对所选的诗都写了一篇独立成篇的鉴赏文章，其中有些大作、大诗，他的鉴赏文字都相当长。我看了一下现在的版本，《春江花月夜》长达8页，《北征》长达9页，非常长。就是说刘先生写这个鉴赏文章不像他以前为《唐诗鉴赏辞典》写的那样有字数限制，就一两页，他这个是放开来写的，所以写得淋漓酣畅。我读了以后，非常佩服，这是真的懂诗之人、也知道怎么说诗的人写的文字。我觉得我们现在在学校教同学们读唐诗，讲到鉴赏部分，或者作品艺术分析这一部分时，这本书可以作为一个非常好的教材。这是可以给我们的本科生、研究生拿来读的，这个部分也是最有价值的。这套书最有价值的，可现在恰恰是这个部分，我倒没有太多的话要讲，因为每篇都不一样，如果要加以评说的话，我们可以针对其中的若干篇，我想单独写一篇文章来分析它都是可以的，分量很够。这是第三句话，独有会心的鉴赏。

第二句话，是广征博引的笺评。就是因为他选的都是名篇，历代已经有人评点过，所以刘先生大量地引，当然，不是全部的引。比如《秋兴八首》，我数了刘先生这组诗的笺评有43页，当然已经非常多了。但是我们知道，叶嘉莹先生有一本书，是《秋兴八首》的集评，它有40万字，那个太多了。但刘先生引得非常好，他把里面最重要的东西都引了出来。说他博引，实在很博，因为他不但是注意到前代的一些学者、当代的一些大家，他甚至连晚辈的一己之见也引到了。我很感动的是，这套书的第4册第284页，关于杜甫《观公孙大娘弟子舞剑器行》一诗,他引了好多人,某某曰,某某曰,最后出来一个名字说"莫砺锋曰",我读了以后,受宠若惊啊,因为刘先生引的是我《杜甫评传》里的话。《杜甫评传》是1993年出版的,我那个时候已经44岁。我就想,我这辈子到44岁说过很多话,从来都是"说",没有"曰"过,第一次"曰",是被刘先生引进去的,衷心希望刘先生这本书可以传之永远,这样,我的名字也附在里面传之永远。所以广征博引真是这样,他引得很准确,一些独到的也引进去了。

  第一句话,我稍微多花时间讲一讲,披沙拣金的选目。刘先生这本书的选目非常好,我觉得最好的选本不一定是最有文学见解的选本,不一定是文学史研究框架和地位限定的选本,而是应该从作品出发,从读者的角度考虑,受读者欢迎的好作品里选。作品是这样选出来的。刘先生提到《唐诗三百首》是一个很好的选本,这个选本实际上有一点像《唐诗三百首》。我来开会以前,专门把刘先生这本厚如砖块的初版本,跟我家里书架上马茂元先生的《唐诗选》在选目上作了一些对比。我看了这两个选本,关于选诗比较多的诗人,一个数值的对比,很有意思:前面两位都是一样的,杜甫第一,李白第二。刘先生这本书对于李杜的地位是非常突出的,大家都看到了这个十卷本,杜甫一个人就有两卷,李白一个人就有一卷,看了下杜甫的两卷,合在一起,实际上就是一个独立的杜甫诗选了。当然选目只有70首,因为刘先生这个鉴赏写得非常详细,所以突出大家做得非常好。但是再往后,就体现出刘先生这个选本的独特性。这部书的第三位是李商隐,李商隐41首,超过第四位王维26首，第五位白居易25首，都超过很多，就是非常突出李商隐的地位，这个我是非常赞成。我虽然不一定同意把李商隐选得比白居易多那么多，但是我觉得突出李商隐是肯定没有问题的。这当然得益于刘先生对李商隐的研究之深了。我也要说一点不满意的话，有的时候，成也是这样，败也是这样，比如我觉得有一点不满意的，刘先生的这本书第十位是温庭筠，18首，超过孟浩然、高适、岑参、王昌龄、元稹等人，我总觉得温庭筠在唐诗史上的地位，或者他的作品可选数，好像应该要降一点点。我猜想可能是刘先生对温庭筠研究得太深了。研究得久一点之后，就会有一点点偏爱，当然这里选的温庭筠的诗都很好，相对来说，他的地位高了一点。那么其他的几个，还有李贺跃居第六位，24首，高于韩愈、刘禹锡。我总觉得李贺也很好。因为《唐诗三百首》的选者孙洙是我江苏无锡的老乡，我比较维护，但《唐诗三百首》的最大缺陷是李贺一首未选。刘先生这里把李贺选进来，且放在这么显著的地位，很好，但是选24首可能稍稍有点多了，他好像不应该多于韩愈，应该比韩愈稍微弱一点。

尽管有这些我觉得可以商榷的地方，但是总体来说选目非常好。好在哪里？我觉得是两个本位。第一，文学本位，第二，读者本位。所谓文学本位，文学作品选当然是文学本位，但是我们曾经有过的唐诗选，包括古人的，他经常会受到一些学术思想的影响，像清代王渔洋选的《唐贤三昧集》。那么大的学者、那么多的作品，但是《唐贤三昧集》作为一个选本，对于我们一般人来说，是彻底失败的，它选的作品大部分不是我们一般读者喜欢读的，而我们喜欢读的,里面大多数都没有,所以这个就不是读者本位。既不是文学本位,也不是读者本位。刘先生这本书最大的好处就是做到了这一点。我觉得突出文学本位的一个比较显著的地方,比如韦应物、刘长卿。韦应物选了15首,刘长卿选了14首。而这两个诗人在马茂元的《唐诗选》都选得不多,因为马先生一共选了500首,刘先生选了650首,差不多是10∶13的比例。但是马茂元选刘8首,韦6首;刘先生韦应物选了15首,刘长卿选了14首,位居第11、12位。这个我觉得完全是从作品的文学水准考虑的,这一点非常好。那么跟他们相应的就是张籍和王建的地位下降了。因为我们受老的文学史影响,觉得张、王写乐府诗,反映民生疾苦,把他们多选了。实际上从文学作品的水准来说,他们两个人没那么好,所以这两个诗人在马茂元所选的选本中多达16首、12首,但到了刘先生这本书里都降为8首、6首。我觉得个别诗人所选作品还可以商榷,但总体来说,这本书确实完全是从唐诗的成就,从唐诗传诵的名篇来考虑的,当然思想上一定要有健康积极的意义,同时它的艺术达到很高水准,还有一点就是为广大读者家传户诵,所喜欢的,万口传诵的作品。所以我觉得《唐诗选注评鉴》这本书,它的分量、选的作品数、整部书的分量,也许不太符合我们当下的读书潮流。我知道现在年轻人不耐烦读书,看手机就行了,初版沉甸甸像砖头一样的书,他们不愿意抱在手里看,所以不太符合。出版社改为十卷本,更便于携带和阅读了。对真正的读书人来讲,真正想好好读一读唐诗,不是一知半解地读,那么这本书是非常好的读本。它的数目也差不多,不必要删成一半,变成唐诗三百首。因为相对于唐诗在历代诗歌中的地位,六百多首,并不多,它是足够的,有这个地位的。

  总的来说,刘先生这本书真的是一部非常好的选本,刘先生刚才谦虚说它是一个下里巴人,下里巴人实际上是和者数千,可能不能称为下里巴人。下里巴人是手机上的那些东西,这还是阳春白雪,是有学术眼光地为广大读者选的普及性读本。我相信它会传之永远,有长久的阅读价值与保存价值。谢谢大家。

  [作者系南京大学教授、中国宋代文学学会会长。本文是作者在2019年6月30日召开的《唐诗选注评鉴》(十卷本)出版座谈会暨唐诗选本研讨会上的发言]

何为学术，学术何为？（节选）

文 / 莫砺锋

学术何为？一言以蔽之，应该是探求真理。小至一个作品的写作年代或一首诗的真实意蕴，大至一种文学风尚的发生原因或一个文学团体的形成过程，学者的研究目标便是追求尽可能准确的解答。毫无疑问，真正的学术必然会排斥任何功利目的。中华先祖将"立言"与"立德""立功"并列为人生不朽之事业，撰写学术著作显然是最重要的立言手段。既然如此重要，岂可掉以轻心？所以古人从事著述，莫不呕心沥血，鞠躬尽瘁。司马迁著《史记》，既是遵守父亲的遗命，也是自觉继承孔子著《春秋》的文化传统，"惜其不成，是以就极刑而无愠色"。我每次读到司马迁《报任少卿书》中的"仆诚已著此书，藏之名山，通邑大都，则仆偿前辱之责，虽万被戮，岂有悔哉"，眼前就会浮现出太史公在荧荧烛光中伏案疾书的身影，他笔下流淌出来的每一个字，都是"以血书者"。即使称不上"成一家之言"的学术工作，例如杜诗之注释，也多有毕生从事斯业者。宋人黄希注杜，至死未竟，其子黄鹤继之，方成全帙。清人钱谦益与朱鹤龄二人注杜,先合后分,整个过程长达二十余年,钱注在其身后三年方付梓,朱注也到65岁才刊行。这样的学术工作,岂容沾染志在功利的私心杂念?反观今人之著述态度,似乎适得其反。有些当代学者将学术视为沽名钓誉、获取利益的工具。由于在当代大学或学术机构中盛行所谓的数量化管理,评审职称只看著作、论文的数量,更有甚者干脆按论文的篇数及所载刊物的级别赏予奖金,在虚名与实利的双重诱导下,学术造假层出不穷,学术泡沫泛滥成灾。即使没有剽窃蹈袭的恶行,也难免粗制滥造的陋习。这样的学术,其目的必然是非学术的。但是这样的学术,能算是真正的学术吗?

  单从学理而言,我们从事学术工作的目的究竟何在呢?有人说是为学术而学术,这话就学者个人来说当然没错,有些优秀的学者就是出于对研究对象的热爱而终生从事于斯,也有些优秀的学术成果就是在强烈兴趣的驱动下得以完成。但就整个学术界来说,是否存在或者应该具备明确的目的?我认为是,尤其是我们的中国古代文学学科,更应如此。众所周知,文化是一个民族的精神血脉,传承文化是维护民族长盛不衰的有效手段。在中国历史上,孔子是为文化传承做出巨大贡献的古代学者,他声称"述而不作,信而好古",指的便是传承文化。孔子以韦编三绝的精神从事古代典籍的整理研究,所谓"自卫反鲁,然后乐正,《雅》《颂》各得其所",就是对《诗经》的研究与整理,从而使《诗经》变得条理清晰、便于诵读,这是中国古代文学研究最宝贵的学术传统。中国古代文学是中华传统文化中最重要的观念文化,它不但在艺术上登峰造极,而且蕴涵着丰富的人文精神和社会价值。它不但是中华传统文化中最为鲜活生动、元气淋漓的核心内容,而且广泛、深刻地影响着中华文化的其他组成部分。中国古代的文学经典无不身兼优美的文学作品与深刻的人生指南的双重身份,在陶冶情操、培育人格诸方面有着不可或缺的巨大作用。在继承优秀传统文化、建设中华民族现代文明的伟大事业中,中国古代文学无疑应该而且可能发挥重大的作用。但是由于古代文学的典籍浩如烟海,多数作品又比较高雅、深奥,它在当代社会的普及和传播都存在一些困难。这就对从事中国古代文学研究的学者提出了十分重要的迫切任务:一是从现代的立场对古代文学作品进行价值评估,从中精选最适合当代中国的经典名著来向社会大众进行介绍和推广。二是对精选出来的经典名著进行严格的文献整理和精深的学理探讨,在此基础上再向社会大众进行普及,提供有关经典名著的选本、注本及导读讲解的普及读物。这两个方面都是我们义不容辞的神圣职责,也是我们大有可为的广阔天地。从这个角度着眼,我很钦佩安徽师范大学的刘学锴先生。刘先生当年主动从北大请调安师大,从此在芜湖小城安安静静地从事唐诗研究几十年。他的著作像《李商隐诗歌集解》等,厚重精深,定是传世之作。我也很重视他的唐诗选本《唐诗选注评鉴》,还为此书写了三句评语:"披沙拣金的选目,广征博引的笺评,独有会心的鉴赏。"承蒙出版社采纳,把它们印在此书十卷本每一卷的封底。对我来说,这真是如附骥尾,不胜荣幸!限于时间,现在只谈谈此书的选目与鉴赏。《唐诗选注评鉴》精选唐诗名篇650多首,数量比《唐诗三百首》扩大了一倍。更值得注意的是,此书的选目远比《唐诗三百首》更为精准,如按大诗人作品入选数量排序,名次如下:杜甫、李白、李商隐、王维、白居易、李贺……既见手眼,也体现出读者本位的选学观念。此书为每首诗都写了鉴赏文章,分析深刻,文字优美,对于重点作品更是畅所欲言,淋漓酣畅。如《春江花月夜》的鉴赏长达8页,《北征》则长达9页。我细读全书,觉得刘先生是真正懂诗之人,还是一位"匡说诗,解人颐"的说诗之人。这样的唐诗选本体现出当代唐诗学界的最高学术水平,对广大读者理解唐诗有着难以估量的巨大引领作用。

(本文是作者在2024年1月6日召开的中国特色学术体系与古代文学研究论坛上的发言)

古典作品研究的更大意义在于传承

文 / 莫砺锋

我想谈三点感想：

第一，刘学锴先生的学术成果，主要是两方面，一是对温、李这两位唐代诗人作品的笺注，二是关于唐诗普及选本的编纂。《李商隐诗歌集解》这部书，在我看来，是唐代诗人别集笺注中难度特别大的。当然杜诗也难做，但是今人如果要注杜诗的话，前人已经有千家注杜的学术铺垫，从杜诗的宋注到清注，前人有很多很好的杜诗注本，为我们提供了非常好的积累，大家只要仔细地收罗材料，仔细地考辨，推陈出新是能够做到的。但李商隐不一样，元好问《论诗绝句》说到李商隐诗的注解之难，"诗家总爱西昆好，独恨无人作郑笺"。大家都觉得李商隐的诗好，但是要想像郑玄为《诗经》作注那样为李商隐诗歌进行笺注却是非常难的，因为李商隐的诗难懂，诗意隐藏得很深。虽然前人也注过李商隐的诗，比如清代的冯浩、近代的张采田等人都注过李商隐的诗，但他们在作注的时候往往追求微言大义，有时候反而在李商隐本来就难懂的作品上面又增加了一层迷雾。因此，我觉得刘先生和余恕诚先生两个人通力合作，做了一部相当准确的、非常实事求是的笺注，是一件功德无量的事情。刚才袁行霈先生在发言里说到，不论谁再研究李商隐和温庭筠都绕不开刘先生这些高水准的成果。我完全同意这个判断。

第二，去年6月份我到安徽师大来参加过刘先生《唐诗选注评鉴》十卷本的座谈会，当时也表达了对这本书的欣赏和意见。当时我说，出版社在第二版的封底上印了我的三句评语，我觉得很光荣。我今天还要再说说这本书的意义。

当今的唐诗学界应该向广大的读者贡献一个什么样的唐诗选本呢？唐诗选本从唐代到今天已经有800种之多了，仅是唐人选唐诗就有14种选本传世，但是其中的大部分都不太适合当代读者阅读。特别是清代有些学者选的唐诗选本，比如王渔洋选的《唐贤三昧集》，是一个学术意味太重的选本。学术意味太重了，就会贯穿强烈的个人美学偏好，选出来的作品不一定是广大读者喜欢读的。因此，一直到刘先生这本书出来为止，我个人觉得最家喻户晓的唐诗选本，恐怕还是清朝人选的童蒙读本《唐诗三百首》，刘先生在这本书的前言中也提到过《唐诗三百首》，并对《唐诗三百首》作了高度的肯定。《唐诗三百首》成书于乾隆二十八年（1763），到现在已经两个半世纪了，就家喻户晓的程度来说，没有第二种唐诗选本能够超过它。但是现在有了刘先生的《唐诗选注评鉴》。其一，《唐诗选注评鉴》选诗的面和量都扩大了，《唐诗三百首》选了310首，此书选了650多首，数量扩大了一倍，把很多《唐诗三百首》未选而成为遗珠的好作品选了进去。比如李贺,《唐诗三百首》最大的缺陷是李贺的诗一首都没有选,这使得爱好李贺诗歌的人愤愤不平。李贺这么优秀,按照我的想法,《唐诗三百首》至少要选三四首,才符合这位诗人在唐代诗歌史上的重要地位。刘先生则对李贺给予了极大的关注,所选篇目数量高居前十,所以这本书所选的篇目非常好。其二,我最欣赏的是刘先生对诗歌的鉴赏。长期以来,作品鉴赏在我们学术界好像不被重视,很多人轻视鉴赏。因为现在学界的风气,比较多的人喜欢做文学环境的研究、发生背景的研究,做社会学的研究、历史学的研究、制度的研究等。对于作品本身进行文本分析,一般都认为不容易得到很好的学术成果,而刘先生则是花大力气去做这个工作。早在20世纪80年代初期,安徽师大对第一本鉴赏辞典《唐诗鉴赏辞典》的贡献巨大,此书撰写工作以刘先生、余先生为首,兼及他们的高足弟子,差不多有四分之一的条目是安徽师大的人写的,那本书风行海内,水平非常高,我的导师程千帆先生曾为该书作序。刘先生及他指导的弟子所写的鉴赏文章,我觉得写得非常好,并且意义重大。这些鉴赏文章非常有利于一般读者进入唐诗这座美的殿堂。

  第三,做诗歌选注、文本鉴赏这样的工作,我觉得要把它放到文化传承这个高度来进行评价,它的意义才能得到充分的揭示。我个人一直认为,今天我们说到中华传统文化的继承,实际上只能继承其中的一部分,因为传统文化中的器物文化和制度文化都谈不上继承,真正要继承的是其中的观念文化。观念文化就是古人的意识形态、古人的价值判断、古人对万事万物的思考和感悟。这类文化的载体,除了《论语》《孟子》这些典籍以外,还有就是优美生动的古典诗歌。因为我们的古诗都是抒情诗,都是抒发我们列祖列宗内心的思考和感受。现在刘先生把唐诗中的这些经典名篇,用非常优美但又通俗易懂的语言进行阐释,我觉得这个工作功德无量。现在的古典文学研究,由于受现代学术风气的影响,大家都关注创新,其实我觉得古典作品的研究,更大的意义应该在传承,创新倒是其次的。我们的祖先——孔子,他是中华文化中始祖式的人物,他自己说"述而不作,信而好古",所以孔子在整理《诗经》上下大力气,"自卫反鲁,然后乐正,《雅》《颂》各得其所"。他亲自动手整理典籍。再来看朱熹,他一生著作那么多,论学的范围那么广,但是他最重要的著作其实就是《四书章句集注》,以及他的两部文学典籍的注本《诗集传》和《楚辞集注》,这是他在文化史上最大的贡献。这就是对传统文化最重要的传承。所以我认为唐诗也好,宋词也好,甚至《诗经》《楚辞》也好,这些古人写的好作品,列祖列宗留给我们的文学瑰宝,传到今天,最重要的意义并不是供学者进行研究,而应该是让它走入千家万户,让广大的民众都来阅读它,都来接受它里面蕴含着的传统文化精神的熏陶,从中得到启发,这才是最大的目的。刘先生的这项工作,在这方面堪称一个典范,所以对这本《唐诗选注评鉴》,我们要充分认识它的意义。

  另外,我还有一点感想,跟刘先生的著作没有关系,跟刘先生的经历有关系。唐代有好几个文学家有过这样的人生经历:被朝廷贬到南方,然后就把文化带到比较偏僻、荒远的南方去了。韩愈被贬到潮州,他本人是悲悲戚戚,而且不到一年就调回去了,但是潮州人民至今纪念他,潮州的山叫作"韩山",潮州的江叫作"韩江",以此纪念韩愈。柳宗元被贬到柳州,他也是悲悲戚戚,最后死在被贬之地,但是柳州人民为他建造"罗池庙",把他看作当地的一个神灵,因为他传播了文化。还有杜甫的一个好朋友郑虔,即"诗""书""画"三绝的郑广文,杜甫写诗送别被贬到浙江台州的郑虔,在怀念他的诗里说,"山鬼独一脚,蝮蛇长如树",说那个地方荒僻无比,非人所居,担心郑虔回不来了。但是现在大家到台州去看,郑广文变成了"吾台斯文之祖",台州的"文教"就是从郑虔开始传播的。刘先生1963年为了家庭团聚,从北大主动要求调到安徽来,当然不是被贬,但客观上产生的效果跟韩愈到潮州、柳宗元到柳州是一样的——传播文化。他把北大高水平的学术思想带到了安徽,带到了安徽师大,刘先生此行,对提高安徽师大古代文学研究的整体水平,起到了很大的促进作用。还有,刘先生在安师大培育了无数学生,他们毕业后在安徽的各类学校任教,让传统文化的精神影响了数量巨大的学子。这是刘先生对安徽的巨大贡献,是我们安徽的幸运!

最后我衷心祝贺刘先生的这套文集出版,也借这个机会祝贺刘先生健康长寿!谢谢大家!

[本文是作者在2019年6月30日召开的《唐诗选注评鉴》(十卷本)出版座谈会暨唐诗选本研讨会上的发言]

这部书，将推动唐诗的经典化

文 / 詹福瑞

因为原版的书，我过去拜读过，昨天晚上我把新版的书翻了翻，并没有认真地读。但是，李白这部分，我是从头到尾翻了一遍。我这些年在做唐诗选本的整理研究，存世的唐诗选本应该是在470种左右，这是我们初步的统计。古人编唐诗选本，功能主要有两个：第一是保存唐诗的文献。我们现在看《全唐诗》收的许多唐诗，最早的唐诗选本都有了，这些选本保存了很重要的唐诗文献。第二就是经典化。关于唐诗的普及和经典化问题，刚听了刘先生的发言，他编选唐诗还是有很明确的目的的，就是为唐诗的经典化做工作。古人在这方面做了大量工作，我们现在读的唐诗，认为是代表作的（或者是经典的），应该说古代的唐诗选本基本上都选了。何为唐诗的经典化？我认为选本是一个很重要的方面。可是，新中国成立以来，唐诗选本有马茂元的《唐诗选》、中国社科院的《唐诗选》，还有《唐诗鉴赏辞典》，也应该算，没有几部。其实唐诗的经典化，并不是说到某一个时期就完成了，到我们现在这代，仍然有唐诗经典化的问题。也就是说,有些唐诗,我们看它没有意义了,可能让它边缘化;有些唐诗,我们认为有意义、有价值,价值更大,需要重新发现它的经典意义。对旧有的经典,还有一个经典意义进一步挖掘的问题。所以,新时代也有唐诗经典化的问题。但是,我们可能忽略了这方面工作。一说唐诗选本,就认为它是普及的,是下里巴人,其实不是这样一回事。唐诗选本,有普及作用,但更重要的是在唐诗经典化这个问题上发挥更大的作用。所以刘先生这个选本,我认为是1949年以后对唐诗经典化作出重要贡献的选本。

下面我谈谈《唐诗选注评鉴》的一些读后感。

第一,我感觉选得很精,叫精选。我昨天晚上统计了一下:李白诗60首,杜甫诗69首,王维26首,李商隐41首,白居易25首,韩愈22首。这几个诗人我都看了看,应该说选的都是经典之作,代表了这些人的诗歌成就。可见,这个唐诗选本是颇具艺术眼光的一个选本。

第二,搜罗文献宏富,我叫博评,尤其是选唐诗历代评语。我对李白这个部分,作了初步统计,这里边涉及的书,有158种,涉及历代对李白诗歌的评论。首先是唐诗选本,很多唐诗选本,有的是我们看到的,有的是很少看到的。可见刘先生在这方面是下了很大功夫的。其次是诗话,其三是笔记,其四是别集的注释。还有我们当代的一些评论,莫砺锋老师刚才说他的评论也被选到里面去了,这就是说"不薄今人爱古人"。不管古今,只要对这首诗的理解有帮助的,都选进来,可见涉猎的范围已不仅仅是古代,也涉及当代,所以给我们提供的文献还是很多的。我们做《李白全集汇释校注集评》,也搜集了一些,但是和刘先生的一比,还有很多书没有关注到,可见《唐诗选注评鉴》搜罗很宏富。

第三,就是关于鉴赏。我很赞同莫老师的意见,刘先生是真正懂诗的人,深得诗心和诗旨,比如说李白《行路难》。《行路难》过去一直被认为是天宝三载以后所写,就是离京之前,或者离京之后写的。后来有二入长安之说,就把《行路难》三首分成两个部分,一个部分被认为是开元十九年前后,一入长安的作品;另外一首就变成二入长安的作品。我不太赞同把它分开,我认为它都是天宝三载以后的。这次我一看,正好刘先生很支持我的意见,我们俩应该是不谋而合。我觉得刘先生完全是读诗读出来的,认为它就是天宝三载以后的,他是真正懂李白的人。我们虽然都做古代文学研究,也做诗歌注释,但是读懂诗也不容易。我看了以后,感觉到刘先生是对诗有妙见的大家,不仅仅是文献注释而已,训诂而已,真正懂诗,把诗的情感脉络梳理得很透彻。

所以,我觉得这部书,一定会对唐诗的经典化、唐诗的普及和进一步评鉴唐诗的艺术魅力发挥重要作用,将来是可以不朽的。再次感谢刘先生以快要九十之高龄,完成这么厚重的书,下里巴人也喜欢,但是它是阳春白雪。谢谢刘先生!

[作者系国家图书馆原馆长。本文是作者在2019年6月30日召开的《唐诗选注评鉴》(十卷本)出版座谈会暨唐诗选本研讨会上的发言]

普及经典，自身也可以成为经典

文 / 刘跃进

我谈三点感受：

第一是要表达一种敬意。熟悉刘老师的人都知道，他倾注了全部心血，一直在做金针度人的工作。他整理李商隐、温庭筠等人的集子，就是为了方便读者的阅读。他以八十高龄，将自己阅读唐诗的心得，汇聚而成《唐诗选注评鉴》，更是普惠天下。这是一部选注评鉴类的普及著作，普及经典，其自身也成为经典。正如刘学锴老师所说，《诗经》是选本，《楚辞》是选本，《昭明文选》也是选本。这些著作汇集了一个时代的经典，其自身也成了一个时代具有标志性的经典。这一现象本身，就很值得我们关注。每一个时代能够留下一部好的选本是不容易的。刘老师的《唐诗选注评鉴》，也必将成为我们这个时代经典著作之一，这是可以预期的。所以，我首先要向刘老师表达敬意。

第二是表达一种谢意。此前，我收到中州古籍出版社寄赠的《唐诗选注评鉴》两卷本，非常厚重，装帧也很典雅。翻阅之后，第一印象，可以用"平实"二字来形容。现在追求的是繁华，虽说繁华之后，终归平淡，但真正做到平实并不容易。一般来说，从事文献研究的，容易做到平实，而从事理论研究、文学鉴赏的，则易赴空灵。一段时间，鉴赏文章很多，有的文章离文学越来越远；有些理论文章也是云遮雾罩，似乎有意让读者为难。其实经典作家早就告诉我们，真理是最平实的。刘老师的著作，从选到注，从评论到鉴赏，都可以用"平实"二字来概括。昨天晚上，刘老师还专门向我提到先师曹道衡先生，说他的学问平实厚重。记得二十多年前在曹道衡、沈玉成老师合著《南北朝文学史》出版座谈会上，很多老师也用这两个字来形容其特色。后来，我就以"在平实中创新"为题，作了学术综述。今天，用这话来概括刘学锴老师的著作，也是很恰当的。平实，其实是很高的境界。中州古籍出版社也追求这种平实的境界，在默默地工作中崛起。去年，他们用心出版十卷本《曹道衡文集》，没有向曹先生家属和学生们要一分钱补助，出版不计成本，反复打磨，令人感动。曹先生的书，从目前市场看，无论如何是不会有好的市场价值的，但是他们还是出版了，而且是高质量地出版。踏踏实实做事，也是一种平实的境界。

第三是表达一点心意。在座的各位，刘老师生于三十年代初，董乃斌老师、莫砺锋老师，是四十年代的人。还有不少生于五十年代的。二十年代出生的学者慢慢地退出历史舞台，三十年代、四十年代、五十年代出生的人，也逐渐从学术舞台中央退到边缘。但是，中国的学术没有断，就是因为我们有这样一代一代的学者，承前启后，传承创新。刘学锴老师八十高龄，还在孜孜不倦地撰写、修订这部《唐诗选注评鉴》，我们这些五十年代以后出生的人，还有什么理由不好好工作呢？学术研究，不仅仅是个人的爱好，其实多多少少也有一些责任。刘学锴老师的学术研究，为我们树立了典范。为此，我们要深深地感谢刘老师！

［作者系中国社会科学院学部委员。本文是作者在2019年6月30日召开的《唐诗选注评鉴》（十卷本）出版座谈会暨唐诗选本研讨会上的发言］

这部书，专业学者不觉得浅，普通读者不觉得深

文 / 钟振振

非常巧合，前不久刚参加了刘老的第一届硕士研究生周啸天先生的新书发布会。名师出高徒！老师、学生都非常优秀，书都非常精彩。

刘老师的这部书，我的评价就两句话：专业学者读来不会觉得浅，普通读者读来不会觉得深。这是做学问的最高境界：深入浅出。

我一向认为，读诗有三个层级：

第一个层级，要读懂一首诗它在"说什么"。这就是"文本解读"。诗跟其他的文体不一样，有它自己的特殊性。我们拿诗跟古文来比一比。古文篇幅没有限制，也不需要讲格律，如押韵、调平仄、对仗等，没有规定动作、刚性要求。因此，写古文就像我们平常说话，是"有话好好说"。而诗总体来说篇幅比较短，近体诗还要受格律的限制。这就要惜墨如金，用最形象的语言、最精练的语言、最审美的语言、最有技术含量的语言来说话，有时候是"有话不好

好说"。所以,要想读懂一首诗在"说什么",不那么容易。

第二个层级,光读懂一首诗在"说什么",还不够,还要琢磨它"怎样说",用了哪些文学表达的技巧在说。这就是"艺术分析"。一首名作,大家读了都说好好好。好在哪里呢?如果没有美学修养,就说不出来。勉强要说,只能够说车轱辘话,说外行话,什么"情景交融"啦,"用字精练"啦,"对仗工稳"啦,等等。好诗情景能不交融吗?用字能不精练吗?好的律诗,对仗工稳是最起码的。这不白说吗?因此,要作精到的艺术分析,把诗人"怎样说"说得很到位,也不那么容易。

最后一个层级,光读出一首诗在"说什么",在"怎样说",也还不是我们的最终目的。最终还要下结论,它"说得怎样"?说得好还是不好?如果好,好到什么程度?这就是"审美判断"。没有深厚的美学理论功底,没有渊博的知识储备,没有海量的阅读积累,也很难精准地对每一首诗都作出"说得怎样"的"审美判断"。

这三个层级,我觉得刘老师都达到了。我不敢说,在读诗说诗方面,古往今来,刘老师是做得最好的;但我敢说,刘老师是做得最好的学者之一。下面,我简单举三个小例子:

第一个例子,是王勃的《山中》诗:"长江悲已滞,万里念将归。况属高风晚,山山黄叶飞。"为什么举这个例子呢?前些年央视上有个很火的学者,讲到这首诗,就是当现代散文在读,说"长江悲已滞"是长江悲哀得都已经停止了流动。这样理解,我觉得不对。我们看一看刘老师的书,他说这个"滞"是作者滞留在长江流域,他不得归,所以他悲。"滞"的是人,不是江水。诗的语言,有时不好用现代散文的语法去划分主语、谓语、宾语,按死板的语法去机械地解说。刘老师对诗的语言有非常好的感觉,所以他的文本解读,我看了,基本上都是正确的。

第二个例子,是杜牧《遣怀》诗中"十年一觉扬州梦,赢得青楼薄幸名"两句。有一位很权威的学者,当然不是刘老师这一辈,是我这一辈的,说杜牧是在忏悔,忏悔他年轻时候的一些荒唐事儿。刘老师的见识就非常高明,他说杜牧是写他自己怀才不遇。这就对了,这就是知人论世。不了解杜牧的生平,不了解杜牧的性格,不可能作出这么精准的判断。

第三个例子,是李白《望天门山》诗的"孤帆一片日边来"。前些年《人民日报》海外版约我开了一个古典诗词赏析的专栏,我选了这首诗。在写赏析文章之前,我想先看看权威学者怎么说。看了刘老师的解说,非常有意思,他跟我们南京师范大学我的老师辈的学者,李白研究专家郁贤皓教授的理解是不一样的。郁老师的理解是,李白在自己乘坐的那条船上,看到对面有"孤帆一片日边来"。而刘老师的理解,"孤帆一片"就是李白乘坐的那条船。这两位都是顶级的唐诗学者,对于同一诗句,竟有截然不同的两种理解,那我怎么取舍?两位都是我很尊敬的学者,我不敢贸然说谁对、谁不对。我用卫星地图软件搜了一下,发现刘老师的理解更符合地理学的客观实际。从卫星地图上看,长江虽然总体是由西往东流,但具体到了下游安徽境内往天门山去,几乎是由南向北流。当然,不是由正南向正北流,而是由西南向东北流,但很贴近十字坐标的竖轴,稍微有点偏差,基本上可视为由南向北流。而中国在北半球,一般不可能看到太阳在北方出现。李白青年时期出蜀漫游,沿长江东下,到了安徽境内,向北往天门山去,怎么可能看到孤帆一片从"日边"来呢?除非太阳可以在北方出现。从自然科学角度来说,那肯定是刘老师对。当然,我不敢、也不愿意简单否定郁贤皓教授的理解。我就找了一条理由,说艺术的真实与自然的真实可以有所偏离。因为李白沿江东下,一路上看惯了对面的帆船从东方太阳那边来的景象,到了往天门山去的这一特殊航段,仍把自己此前的视觉印象写到诗里来,似乎这样理解也可以的。我最后的做法是调和折中,也算是两圆其说吧。但起码有一点,我觉得刘老师在治学的时候还考虑到了文学以外其他学科知识的因素,这是我非常佩服的。

总而言之,我觉得刘老师这部书是一定能够传世的。同时,我也要向中州古籍出版社的朋友们表达我的敬意,这部书印得这么精美,可见是非常非常下功夫了。最后,敬祝刘老师健康长寿,为我们提供更多精彩的学术著作!也祝愿中州古籍出版社兴旺发达!谢谢大家!

[作者系南京师范大学教授、中国韵文学会会长。本文是作者在2019年6月30日召开的《唐诗选注评鉴》(十卷本)出版座谈会暨唐诗选本研讨会上的发言]

这部书,增加了唐诗的光荣

文 / 罗时进

就我所知,刘先生在整个唐诗研究方面,有几项很重要的工作:

一是参加现在还在进行的重编《全唐五代诗》的工作。这项工作从20世纪90年代初就开始进行,到现在还没有完成。上次在南京大学开会,刘先生还在为这套书献计献策,考虑怎样把它编纂得更好。

二是刘先生和陈铁民先生一起主编过《增订注释全唐诗》,文化艺术出版社出版的。这套书对清编《全唐诗》进行简要注释,增订量很大,在学界颇有影响。此事由陈铁民先生和刘先生等几位发起,我参加了其中部分工作,深知编撰之不易和几位倡导者的辛劳。

三是刘先生和已故的余恕诚先生以安徽师大为中心进行的李商隐研究,在唐代作家研究中是非常具有典范性的,可以说把李商隐的学术工作推向极致了;同时,刘先生还进行了温庭筠方面的多重性、深度性研究。现在学界谈温李,主要还是推举刘先生和余先生的代表性著作。

这几方面成果实际上也就形成了《唐诗选注评鉴》这套书的学术基础。因为重编全唐诗涉及校勘问题;增订注释《全唐诗》,涉及注疏问题;李商隐研究,就涉及更具体的集评、分析和鉴赏。这里还要再提一下《唐诗鉴赏辞典》这部书,过去了很多年,至今仍然很有价值。其中刘先生写了88篇,在这部书中占的比重很大,每篇分析都切当而入微,是唐诗鉴赏的范文,值得学习,也很令人钦佩。

这套《唐诗选注评鉴》初版如两块"大砖头",置于书架,为必读常用之书。这次看到十卷本推出,感到非常高兴,这是值得祝贺的。唐诗有五万多首,这部著作可谓"百里挑一"。"百里挑一"实在是不容易的,需要有精到的眼光,全书篇目选择的手眼非常好,通过选择而树立典范,从而使唐诗走向了经典化。其实"唐诗"是一个概念,这个概念固然很有荣光,但需要不断有一些经典性的作家、作品,来提升"唐诗"的普及性和接受度,使它的荣光得到持续。这部著作,在这个方面做了很好的工作,它增加了唐诗的光荣——它本身的光荣增加了唐诗的光荣。

具体的特点,我想应该有三个方面可谈:

第一点,这部著作体现了多元审美的维度。我看到一个材料,没有考证,这里正好向刘先生请教。1961年9月3日,刘先生在《光明日报》上是不是发表过一篇题为《选本也应该百花齐放》的文章?文章署名"丁一"。我很想向刘先生请教为什么署"丁一"这个名字?当时刘先生在《光明日报》"文学遗产"专刊发了好几篇文章,都是以"丁"打头,还有"丁冬"等,那些以"丁"字打头署名的文章不长,都很精彩。为什么用"丁一""丁冬"这样的笔名?(刘老师答:完全是为了书写方便)他在1961年提出"选本也要百花齐放",表明半个世纪以前刘先生已有选本意识了。所谓百花齐放,在当时是一种有意识形态意味的语言,但就其本身来说,我更愿意将它作为一种审美的辩证观来看待。这一套书在《全唐诗》中百里选一时,保持着多维的审美眼光,不但体裁多样,兼备古诗、近体诗(包括排律、绝句等),而且风格各异。当然,刘先生对于重拙性作品的偏好低于通透灵秀的作品,他似乎更偏爱于那些灵动通脱的诗歌。但这种选家的偏好,无妨于整部书体现出不同诗人、不同性情,以及唐诗不同时期的风格,呈现出唐诗的多姿多彩。

第二点,是体例上很周遍,使得这套书适用广泛。宋代青原惟信禅师有一段很著名的禅语:老僧三十年参禅,前后有三种境界,先是见山是山,见水是水;及至后来,亲见知识,而见山不是山,见水不是水;最后依然见山只是山,见水只是水。《唐诗选注评鉴》的作者介绍,简明扼要;作品校注,具体明畅;评笺萃集,包孕有度;精到的鉴赏,生动透辟。这四个部分既可以让人见山是山、见水是水,也保持着一种批评的张力。从那么多集评可以看出,古人思考的维度是不一样的:有褒,也有贬;有激赏,也有批评,把这些意见汇集起来,便形成了读本的内在张力。这种张力可以让人见山不是山、见水不是水,去进行一种深入的思考。刘先生的鉴赏文字非常准确,而且通透、优美,可视为见山只是山、见水只是水的更高的"归真"境界。我想这套书体例周遍、适用广泛的特点,对于不同层次的读者都是很有益的。

第三点,是学术问题的处理比较妥当。我对许浑、杜牧接触得比较多,曾在凤凰出版社出版过一本《杜牧集》,选那么多诗歌,还是没有选那首《清明》,我对之采取的是"搁置"的态度。当在《唐诗选注评鉴》中看到杜牧部分最后一首是《清明》,就很关心刘先生如何解释入选的标准?如何说明作者争议?如何看待这首诗歌进入了一般不太看得上的《千家诗》?这首诗的问题比较复杂。刘先生客观介绍了这首诗歌并不见载于冯集梧《樊川诗集注》等,而首见于《千家诗》,关于文献记载的史实交代得很具体。在鉴赏当中,起笔就开宗明义地说了这首诗的"著作权虽尚存争议,但确实是首佳作,不能因为它被选入《千家诗》就称为气格不高"。如此,从普及唐诗的角度看,选入这首诗便可以理解和接受。另外,在全书作品的评鉴中能够辩证分析,对作品的优胜处和不足处讲得到位。现在不少年轻学者研究什么,就把什么说成最好,不仅存在过度阐释现象,甚至将一些并不好的作品视为佳作。实际上五万多首唐诗,有的确实很好,但也有些并不好;而好诗也可能有不称之笔,不能笼而统之,强为说辞。即此而言,也可以看出这套书的高明之处与价值所在。

总之,《唐诗选注评鉴》已经具有了相当程度的经典性。当然成为经典还需要经历阅读和接受的过程,相信经过一段时间的沉淀,会被大家更多地认识,从而成为真正的经典!

[作者系苏州大学教授。本文是作者在2019年6月30日召开的《唐诗选注评鉴》(十卷本)出版座谈会暨唐诗选本研讨会上的发言]

这部书,代表着当代唐诗评选的水平

文 / 蒋寅

我先讲一点题外话。我大概是1988年出席太原中国唐代文学学会年会,第一次见到刘学锴先生,后来开会就经常见到刘先生了。刘先生在学会里是一位特别低调、谦和的学者,他和余恕诚先生多年的合作,在学界可以说是一个典范。刘先生也是唐代文学界人缘最好的一位先生。我讲一个可能大家不知道的事情:1996年武汉会议,学会改选,大会全体代表投票选举理事,我那时年龄比较小,受嘱去监票。选票统计下来,一百多位代表中,刘先生得票最多,而且是唯一的全票。可见,当时刘先生在唐诗学界是赢得大家最多尊敬的一位学者。

刘先生这部《唐诗选注评鉴》,我先前就认真看过。初版两大本,刘先生曾赐我阅读,托别人转交。我没有刘先生的联系地址,不能写信致谢,好像托人转达过谢意。昨天晚上我又细看了这十卷本,觉得它是当代一部很重要的唐诗选评本。

第一,选目非常精。20世纪以来的唐诗选本,大家比较认可的就是刚才有先生提到的几个当代选本。最有影响的,一个是马茂元先生的,一个是中国社会科学院文学所的。文学所的《唐诗选》,因为编纂时间比较早,它的选目现在看来可能是有缺陷的。刚才没有提到的,当代还有一个选本,我认为也是比较重要的,就是陈伯海先生的《唐诗汇评》。我在研究王渔洋《唐贤三昧集》的时候,为了考察它选目的经典性,曾找了一些古今唐诗选本做对照,最终觉得陈伯海先生的选目非常好,就是说按当今的标准来看是非常好的。但是陈先生那部选本篇幅较大,选了5127首诗,是刘先生这个选本的八倍之多。作为一般阅读,刘先生这六百多首,我觉得是比较合适的。选目也很精彩,而且有很多是出于刘先生个人的独到眼光。莫砺锋师兄也指出,选刘长卿、韦应物的诗特别多,这确实是一个特点。现在的唐诗选本,刘长卿基本上只选两三首。刘先生选刘长卿诗多,选韦应物也多,表明他对两家诗的评价之高。这两人的诗,确实是水平很高的,刘先生选得也非常好。有一些作品,比如戴叔伦的《过申州》,刘先生说这首诗很少被人提到,但是很重要,我觉得这是非常有眼光的发现。选目里面,如果说我有一点不满足的话,就是没选李峤的《汾阴行》,我不太理解,想顺便在此请教刘先生。这首诗在当时影响很大,也是初唐比较重要的作品,您没有选,不知道是出于什么考虑?(刘先生解释说:"这首诗前半部分太芜杂了。")我觉得贾岛也选得少了一点,王维好像还可以多选一些,比如像《老将行》《西施咏》《送綦毋潜落第还乡》,这几首还是比较经典的作品。

第二,这部书的资料非常丰富。几十年来,唐诗研究的资料工作做得尤其好,更兼刘先生读书非常多,积累格外深厚,所以他选录的评论资料异常丰富,可以说对于专业读者或者说研究者也是很有用的。以后中学、大学老师教唐诗,讲这些作品的时候,后面的评点就是特别有价值的参考资料,足够用了。这些资料对普通读者来说固然是大开眼界,对于专业读者也是相当方便的。注释的部分,刘先生的注解要言不烦,并不是很强调征引原典、作很烦琐的疏证,基本是一个清晰的处理方式,很适合一般读者阅读。鉴赏部分无疑是最精彩的。我对照了一些自己写过赏析文章的诗作,觉得刘先生的评析太精彩了,能把诗里面很细微的东西都讲出来。有一些经典作品,比如孟浩然《临洞庭上张丞相》,过去有些论者包括许学夷、王夫之等,都对它评价不高,对它的结构有所批评。但是刘先生一讲就讲到点子上,让人非常佩服。阅读我自己写过的篇目,觉得刘先生的评鉴都远为精到,极见功力,而且写了六百多篇,确实是太不容易了。值20世纪八九十年代的"鉴赏"热,我们都为各种鉴赏辞典写过稿子,一般写个十多篇就感觉没词儿了。刘先生为六百多篇唐诗写了少则千余字,多则数千字的赏析,这得投入多少年的精力呀!真正令人敬佩!最后顺便提到一个偶然看到的小问题,第6册第285页,说戴叔伦《除夜宿石头驿》作于建中六年,可能是建中元年之误,因为建中只有四年。这首诗很可能作于大历年间。它收在《中兴间气集》里,《中兴间气集》应该编于大历末或建中元年。

总的来讲,我觉得这部书非常好,是一部包含着许多个人研究心得,兼顾普及性而又有学术水准,能适应不同层次读者需要的唐诗选评本,是体现了当代唐诗评选水平的标志性著作。

[作者系华南师范大学教授。本文是作者在2019年6月30日召开的《唐诗选注评鉴》(十卷本)出版座谈会暨唐诗选本研讨会上的发言]

一位纯粹的学者和一部有用的书

文 / 胡可先

刘先生给我的总体印象就是一位极为难得的纯粹的学者。他的纯粹至少有三个标志：

一是其一生奉献于学术研究，从来没有旁骛，也从来不受各种风潮、各种功利和各种热点的左右，勤勤恳恳、焚膏继晷，于古人有同情之了解，终于取得巨大成就；

二是与同道学人精诚合作，特别是与余恕诚先生合作数十年，将融通与独创融合在一起，臻于学术的崇高境界，双袂联璧，成为学界楷模，很多事传为佳话；

三是精心培养无数学子，而且将学术研究与学子培养紧密地结合在一起，在学术传承上做出了杰出的贡献。

我的研究兴趣主要在晚唐文学，因此学习刘学锴先生的李商隐和温庭筠研究著作也就最多。刘先生与余先生合著的《李商隐诗歌集解》一出版，我就如获至宝，因为这部书虽然集中于一个人的研究，但又不限于一个人的研究，而是集中了很多方面学术信息,成为晚唐文学研究的渊薮。该书对于李商隐每一首诗的背景、系年都做了翔实的考证,对内容意蕴、诗境诗艺都做了深入的疏解。它既汇集了前人的注释,又在着力排比选择后提出自己的独到见解,而每首诗的后面又有对于诗歌的主旨阐释。我在写《小李杜》这本书的时候,对于刘先生的李商隐研究成果就取资和引用了很多。刘先生对李商隐文的全面整理成果,也于2002年出版,这一成果也是晚唐文章研究的里程碑之作,因为李商隐之文以骈体为主,典故繁多,注释艰难,刘先生的著作发覆颇多,有功于学界甚巨。再加上《李商隐诗歌研究》《李商隐传论》《李商隐资料汇编》,五部著作自成体系,其贡献不仅超迈前贤,后人更难以为继。近年来,刘先生还完成了《温庭筠全集校注》这一重要著作,将诗、文、词与小说合为一编,详加注释,也成为明清以后温庭筠研究的集大成著作。根据近几十年来温庭筠研究重视词而忽视诗文的情况,这部著作对于推进温庭筠的整体研究,提升温庭筠在诗坛的地位,都有很重要的意义。

下面我再谈一下《唐诗选注评鉴》。我买的是旧版的两卷本,阅读后的第一感受是,以前很少读到这样同时对于教学和科研作用都很大的著作。一位仅仅从事学术研究而缺少长期教学积累的学者是一定写不出来的,即使是长期从事教学而对于学术没有精深研究并取得很大贡献者,也是写不出来的。这部书集注释、汇评与分析于一体,具有典范性,而这一典范性又集中表现在四个方面:

首先,选目经典。该书从五万余首唐诗中选出650多首,是《唐诗三百首》的两倍,是《唐诗别裁集》的五分之一。这样一个数目,对于唐诗经典而言,分量最为适度。而从选目而言,极为注重一流大家,注重源流之正,故而李杜诗选得最多,李白60首、杜甫69首,而同样是大家,对于中唐韩愈、白居易诗选得相对较少,前者选了22首,后者选了25首,因为两人虽然也都是大家,但都代表"变"的特点,因此不宜多选。对于晚唐李商隐的诗歌,却选了41首,这就在于李商隐的诗歌艺术已经达到了很高的境界,而以前并没有将李商隐置于一流大家的行列,这样,通过《唐诗选注评鉴》我们更进一步认识到李商隐的地位;同时,李商隐是刘先生几乎倾其一生的研究对象,对于其诗发覆之处也最多,故而该书选择李商隐诗较多,也是刘先生学术个性的体现。

  其次,校注精审。刘先生此书的校注,我揣摩其定位,是在古籍整理与普及读物之间。从古籍整理角度而言,在注的方面体现得较多,尤其是对于诗中的典故,几乎都能够发掘注释出来,对于诗歌编年与人名地名,也都尽量加以注释,对于诗真伪如王之涣《登鹳雀楼》、贾岛《寻隐者不遇》、杜牧《清明》等都作了考证和论断,这是注释最难的地方,刘先生就是在这些最难的地方用力,因而在平实、通俗晓畅的背面,蕴藏着精深的学术内涵。同时,在十卷本中,运用最新发现的材料,使得校注臻于完善。使我非常感动的是,我在《文学遗产》2018年第6期刊载了新发现"大历十才子"《耿㧑墓志》的论文,也是首次公布了《耿㧑墓志》,刘先生就将新发现的耿㧑材料补充到校注当中,并且在该书首页二维码关联的视频中加以说明。从普及读物角度而言,在校的方面体现较多,因为古籍整理的校勘较为详尽,而且以集校居多,但这样势必因为文献的累积影响可读性,刘先生为了保持这部书的可读性,就在校勘方面大加简化,把校语放在注释之中,而且是必校者方才出校,一般不影响诗歌阅读的异文就不出校。这样也使得全书体例简明,要言不烦。

再者,集评精当。这部书有相当篇幅是汇聚前人的评论,值得注意的是汇聚的评论是经过作者的精心选择的。举凡梗概浮泛者,支离琐屑者,费解无谓者,都不在集录之列,所集录者都是具有真知灼见、切实见解的评论,而且很多是要言不烦,对于唐诗的评鉴确有启迪,对于读者阅读也确能加深体会者,这样的集评,与目前有关古代诗文的集评著作一味地搜罗文献、贪大求全者有所不同。从中也可以看出,精心选择前人的评论也是一种学问,也能体现著者的思想。

最后,评鉴精湛。这部书的评鉴方面,可以说是精义纷呈,几乎每一首诗的分析都能增长读者的学识,启迪读者的认知,这样的分析,在二十世纪中期以后已经是极其罕见的了。我举一首刘先生对于杜牧《过华清宫》诗的评鉴。首先刘先生对于前人聚讼纷纭的问题即荔枝成熟时唐玄宗和杨贵妃是否在骊山的问题做了简洁明晰的回答,每年十月至次年春暖帝妃在骊山避寒固属常例,但并不排斥其他时间也可以前往游幸。对于诗中"过"与"回望"的关系,作者通过分析认为是泛写,并无确定的主体,而是诗人有所思有所感而印象式表达,并不一定表明诗人经行时回望所见,因为到杜牧的时候,已不太可能还有"山顶千门次第开"的实际情形了。

同时在分析这首诗的时候,又着重与苏东坡《荔枝叹》比较以体现绝句与七古的区别,也可见唐诗与宋诗的不同。这样就一首诗的评鉴拓展开去以说明唐宋诗的差异,不仅分析精深,同时格局宏大。刘先生能够做到这一点,我觉得三个方面的因素最为重要:一是刘先生的学术渊源和师承的影响,刘先生在北大亲炙林庚等大家,对于诗歌分析感悟深切;二是刘先生从事大学古典文学教学六十年,他将自己的教学心得融入这部书当中,使得本书既有别于一般的学术著作因为过于专门而阅读面较窄,也有别于一般的教材那样着重对于已有知识的梳理而较为缺乏自己的独到见解;三是刘先生执着于学术研究,将教学与科研融合在一起,故而使得这部书成为一部既有很高的学术品位又非常切合时用的经典之作。

[作者系浙江大学教授。本文是作者在2019年6月30日召开的《唐诗选注评鉴》(十卷本)出版座谈会暨唐诗选本研讨会上的发言]

近年来最好的唐诗选本

文 / 胡晓明

　　刘学锴老师的《唐诗选注评鉴》这部书，是我近些年来所看到关于唐诗最好的一部选本。他的成功之处，第一是体例精善。这部书包含了关于唐诗研究最重要的方法，构成了一个从作家作品精选到鉴赏精读，融考证、辞章、义理为一炉的完整系统。第二是厚积薄发。每一个环节都做到了精审，而这么大的一部书，以一人之力，是非常不容易的。它包含了刘老师多年来在唐诗这块领域中深耕细作的辛勤劳动，许多独到的真知灼见都不是浅学所能窥见的，有着钻之弥深、仰之弥高的深度、厚度与浓度。第三是特色鲜明。如果仅有前面两项特色，完备与深厚，而缺乏鲜明的学术特色的话，还是不能够成为众口相传的传世之作。这部书有两个非常鲜明的学术特色，一个是根据深入浅出、具有较高的可接受度的标准，而不是根据文学史来选的作品。根据文学史来配合选作品，我认为这是对中国文学教育莫大的一个误区。因为，这样一来，就把文学仅仅局限于专家的学问，专门之学，没有把它看成是普通大众能够欣赏的作品,看作更为开放的一整个文学遗产。唯文学史至上,这是十九世纪知识学传统对中国古典的一种伤害。所以从这个层面上看,刘老师这部书大大发挥了《唐诗三百首》优秀的传统,可以说,是在《唐诗三百首》之后的一个后出转精的典范之作。

这部大书第二个鲜明的学术特色,就是刘老师的序言里面已经说到的:含蓄与明快的统一(刘按:这是林庚先生对唐诗特征之一的揭示)。含蓄是唐诗的诗性所在,这是毫无疑问的,然而唐诗更有点让人感到迷惑的是,那些明快直接、俊爽上口的诗,又有如食橄榄一般回甘无穷、如饮醇醪一样留香悠久之美。我们可以从意象看含蓄与明快的统一,如岑参的"秋色从西来,苍然满关中。五陵北原上,万古青蒙蒙",是"超越时空的阔大悠远"与"想象力的真切生动"(《唐诗选注评鉴》第493页。以下所引原文均只标页码)相融合;如王昌龄的"秦时明月汉时关",既有"月临关塞的鲜明图景"和"由此引发的悠远历史想象",又有"寓慨深沉""启人深思"的古今对照(第427页)。我们可以从辞与调的关系上看含蓄与明快的统一,如杜牧的"青山隐隐水迢迢"的"圆转流美又抑扬有致"(第2133页),也可以从句与篇的关系上看含蓄与明快的统一,如岑参的"忽如一夜春风来,千树万树梨花开",不仅是塞外飞雪奇观,不仅是诗人浪漫感受,而且要从全篇"北风呼啸""白草尽折""气候酷寒"读入,才能真正读懂"尽管客观环境艰苦严酷,但戍边将士心中却永远存在着春天"的军旅豪情(第497页),这就不是摘句所能得到的完整鉴赏。这样的例子多不胜数。因而"含蓄再加上明快",从一个具有美学悖论的角度,画龙点睛地点出了唐诗之所以是唐诗之魅力所在。

依我个人之见,我们从这本书的许多作品细节中,都能看得到如水银泻地般贯穿全书、贯穿所有结构内部的唐诗之魅的影子在其中晃动。因而我认为含蓄与明快的统一,不仅是刘老师的一个非常重要、极富特色的学术思想,而且已经用科学的研究得到了充分的证明;更进而言之,不仅是关于唐诗,同时也是一个非常重要的中国美感的特征。我们做中国文学理论的学者,不应该只盯住古人现成的理论,而应该更多从具体的文本着眼,从全面而整体的选注评鉴这样的中国古典学训练着眼,从中得出什么是中国美感、什么是具有中国主体的文学理论。这是我从刘老师的书中得到的最大收益。我2015年在香港中文大学做客座教授时,有一门课程,就是李白诗选,我主要就是以这本书为教材,这种既有深度又有可接受性,既有兴发感动又有学问训练,既区别于语文学,又区别于文学史,非常中国古典学的讲授风格,几乎大大区别于以往的香港中大传统,深受香港本科大学生的喜爱与好评。因此我非常感谢刘先生给我的信心与助力。我也由此更加坚信,除了文学史这种来自西方的讲课方式之外,更有我们中国自己本土的鉴赏学传统,义理、考据、辞章学融合的传统。

依我个人之见,目前为止,这个选本代表了中国唐诗选的最高成就,一定会成为莘莘学子走近唐诗的一本宝典。

[作者系华东师范大学教授、中国古代文学理论学会会长。本文是作者在2019年6月30日召开的《唐诗选注评鉴》(十卷本)出版座谈会暨唐诗选本研讨会上的发言]

一书、一师与一学科
——《唐诗选注评鉴》读后

文 / 李浩

心仪刘学锴先生很多年了。

中国唐代文学学会的秘书处设在西北大学,我是秘书处的工作人员,这就给我提供了一个方便条件,能够较早与全国各地从事唐代研究的一流专家和老师有比较多的联系。刘先生过去给我的印象是不苟言笑,很严肃。他的形象和余恕诚老师的形象不太一样。余老师见人就笑。刘先生就是昨天、今天笑得比较多,过去笑得比较少。所以我见余老师不害怕,与他交流较多。过去见刘先生还有点敬畏,以后我会向刘先生更多地请益。

我想讲这样一个意思:就是一部书、一位学人与一个学科。我和(胡)传志兄,还有在座的几位都是在一个学校先当学生、再当年轻教师、再当老教师,也做过一些管理工作,都在一个学校待得比较久。像安徽师范大学、西北大学这样一些地方院校,传统学科究竟该怎么发展呢?我们可能都有一些焦虑,甚至困惑。我觉得,《唐诗选注评鉴》编著的成功,可以找到答案。本书对于学科建设,有以下方法论的启示或意义：一是通过阐释经典来形成学术精品；二是通过研究经典来形成学术研究的平台；三是通过教授经典打造人才培养的高地。

启示一，刚才各位谈得比较多，讲得非常好。唐诗选本有很多，怎样做到专、精？这部书给我们提供了一些启示。首先，它的体量要比我们过去看到的100首或者300首要大一些，应该和中国社科院文学所的《唐诗选》、马茂元先生的《唐诗选》的体量差不多。入选500首到600首，相当于从《全唐诗》里边挑选1%左右。就历代的入选、评笺和教材里边的一些情况来看，我觉得这个体量是比较适中的。过去100首，大家没有办法变通，比较难发挥。这个规模可以让刘先生更多地发挥他的一些独到的见解。第二，就是体例的全面和系统，有注释，有笺评，有鉴赏等。其中笺评、集评和鉴赏做得好。我觉得评、鉴实际上是一个接受史，就是一首诗的接受史。如果要用西方的术语来说，它实际上是对一首诗所做的知识考古学的专业研究。现在年轻学者做博士论文、硕士论文，就一首诗的接受或一首诗的知识考古，工作做得不细致，不深入。刘先生这部书的价值与意义，表现为三个"体"：体量的超大，300万字左右；体例的全面系统；体验的特别标举。体验的特别标举体现在选家的眼光和鉴赏的独到见解，他的鉴赏部分显得很特别。这其实也有一个积累过程，刘老师早年参加《唐诗鉴赏辞典》的撰写，又给电台写过大量鉴赏文章，所以这部书可以说是水到渠成的。

这部书不是大兵团作战，而是由刘先生一个人独立完成的。刘先生这一辈子只做两件事儿，就是教书、写书。刚才董（乃斌）老师说从刘先生的书看到了工匠精神。当下学界一边倒地呼唤大师、培养大师,我觉得可能会误导社会。目前的实际情况是,许多学人大事做不好,小事不屑于做。中国现在缺大师,当然要呼唤。可大师是天才,是自然成长起来的,不是揠苗助长培养出来的。1亿人里面出一个大师就可以了,一个时代有三五个大师点缀一下就不荒凉了。绝大多数人能成为好工匠就不错了,特别是在古典学领域,前贤已经做得非常细致,我们必须以工匠的精神来精准对接学术史,才有可能对学术有一点修正和推进。

我觉得刘先生的工作,就是以工匠的精神来做一件精品,以一人之力成一家之言。这继承了传统的研究方法,前后比较统一,个人的见解也能够充分地彰显出来。如果大兵团作战,反复商量的话,可能就要折中,折中以后特色就不突出了。

启示二,就是通过研究经典形成学术研究的平台。刘先生和余(恕诚)先生在学术研究上示人以轨辙,他们的李商隐研究系列、温庭筠研究系列,实际上就是给古代文学研究者展示究竟该怎样选择课题,怎样做研究,年轻人该怎么成长,有成果之外的方法论意义。现在好多年轻人不知道该怎么做。其实,很多唐代文学研究就是从做一家入手。刘先生和余先生也是这样。在完成了这两大系列以后,再做断代的或前后打通的研究,给我们提供了范例。李商隐研究、李商隐诗集的编年,李商隐文集的编年和温庭筠的研究,给20世纪的学人争得了体面,尤其是我们大陆学者。这些著作放在国际汉学界,我们应该感到自豪。同时,我想正因为有这样几位笃实的学者,奉献出这样一批扎实的成果,安徽师范大学拿到了一些重要的平台,包括获得一级学科博士点和教育部文科重点研究基地中国诗学研究中心。

启示三,刘先生、余(恕诚)先生这些老辈学者值得我们学习的,就是教书。参加今天会议的,有一大部分是安徽师大的子弟,包括留在安徽师大的学人和从安徽师大走向全国的才俊。应该说,刘先生还有一项成果,没有写在纸上,而是写在大江南北、黄河上下。刘先生和安徽师大老辈学者培养的几代学人,散落在全国各地各类学校,化身千亿,教书育人。特别是1960年前后出生的这一批,像彭玉平、查屏球、彭国忠、沈文凡、胡传志、吴怀东、方锡球、刘运好等,将来还会在学术上有更大的发展,这些都得益于老一辈学者的精心培育。安徽师范大学中国古代文学学科能获得国家级教学团队称号,也是实至名归。作为一所地方院校的传统学科,人才培养的经验是值得我们学习和推广的。

当然,对于安徽师范大学、对于其他更年轻的管理者和学者来说,也有一个如何更好地继承弘扬、发扬光大的问题。现在教育部提出双一流建设,还有卓越人才培养计划,在追赶、赶超的过程中,怎样把自己的特色凝练好、发展好?我觉得,通过梳理刘先生、余先生等老先生的教学和研究经验,能够给我们做好一流学科建设,做好卓越人才培养以很多的启发。你们把经验总结出来,我们也会好好学习。

另外,中文学科最应该有文化自觉,而不是跟着人家今天这么跑,明天那么跑,跑错了,然后再回到原点。我们可否走慢一点,走稳健一点?调子不一定定得很高,但是得一直守正创新。这方面,安徽师大相当有特色,在新时代应该创造出新的经验。

[作者系西北大学教授、中国唐代文学学会会长。本文是作者在2019年6月30日召开的《唐诗选注评鉴》(十卷本)出版座谈会暨唐诗选本研讨会上的发言]

近世诗选之诗学体式的集大成高峰

文 / 陈引驰

　　刘先生以前的著作出来之后,我基本都是第一时间购买,然后认真拜读,像李商隐、温庭筠诗歌的校注和研究,都认真拜读过,受益极大,是绝对的高峰之作,足以给唐诗研究带来荣光。现在各种校注、各种选本非常之多,真正能够做得非常好、做得精深的,真正做到完善的、达到很高境界的,真的不多。做校注实际上不是一个简单的事情,注家应该有非常高的学术能力,是非常好的学者才能做到的。前辈大家都知道,像钱仲联先生,如果他一篇论文都不写,只是凭他的几部注本,也完全能够在学术史上立足。刘先生跟余恕诚先生一起合作的李商隐研究系列,以及后来做的温庭筠(研究),这些都是非常标准的非常高端的著作,完全可以在学术史上占有崇高的地位,完全能够在学术史上立足!这是我真心的感受。

　　刘先生之前所做的李商隐、温庭筠研究,那些是高峰,现在这部《唐诗选注评鉴》,刘先生自己说属于下里巴人,多位学者持不同意见。我觉得从这部书可以看到刘先生对整个唐诗,不仅仅是对若干名家，对整个唐诗实际上是有非常全面、非常精深地把握的。如果没有全面把握，恐怕很难做到对某一家的深刻理解、把握。我记得法国丹纳《艺术哲学》说过，一个时代之所以有莎士比亚，实际上是因为有很多其他的作家，实际上是整个一个高原，然后才出现高峰，我们只有理解高原，才能透彻地、完整地理解高峰。所以从刘先生本身学术的整个格局来说，《唐诗选注评鉴》本身就是一个非常充分的体现。

刚才各位先生非常精辟地提到《唐诗选注评鉴》与同时代其他唐诗选本的比较，有很多是有可比性的。但就综合性来说，我想其他选本是没有可比性的。马茂元先生的《唐诗选》，我非常小的时候就认真拜读。我很小的时候，见过马先生一两面，没有谈过话。他的《唐诗选》，最早的那两册，简明扼要，非常精彩。前些年赵昌平先生协助他做了补充，非常好，有深化。但是原来的两册本有一些要言不烦的判断，并没有完全保留下来。马先生对唐诗有很精辟的见解，单刀直入，有非常精准的把握。陈伯海先生的《唐诗汇评》，有它的特点，汇集了大量的材料，但是因为体例所限，缺少具体的评析。所以，刘先生的《唐诗选注评鉴》是最周全的，有选、注、集评、鉴赏，实际上是最综合、最完整的。明清人有类似这样的做法和体式，但没有这么的充分。比如明清时候所谓诗解，也会讲诗的脉络，但是不是像刘先生这样用现代的方式那么清晰、那么深入地去谈，不仅是提出一个观点，而且有相关的论证。刘先生这种体例也是渊源有自，依我的浅见观察，中国文学批评有一种传统，如果要往前看，刘先生这部书是明清以下诗学处理方式的综合发展，但从体例上来讲是最齐备的,而且达到了现代的高峰。

莫砺锋老师说刘先生鉴赏部分最见精彩,我完全同意。鉴赏实际上是不容易的,现在人人都来写,鉴赏就写烂了,有的鉴赏都是套话,或者不贴切、不深入。你读没读进去,一写就看出来了。我记得以前施蛰存先生写《唐诗百话》,他说:"原来以为拿诗来一读,把见解写出来就是了,后来想看看别人是怎么写的,结果大吃一惊,竟然很多跟自己理解的都不一样。"他撰写的速度就慢下来了,要考虑自己到底有没有道理,是自己有道理,还是人家有道理,对诗的理解是不是深入准确,是不是能够说服大家,这是非常难的一个事情。刘先生讲的绝大部分都可以给我们很好的启发。举一个例子。因为我对于诗歌与佛教有些兴趣,第一册选的常建那首诗:"清晨入古寺,初日照高林。曲径通幽处,禅房花木深。"非常有名的名篇,刘先生文字漂亮的鉴赏,基本上按照这首诗的脉络来讲,看似非常平易,但其实是切中肯綮的。游览寺庙的诗其实在六朝时代就有不少,这些诗的最主要的脉络就是时间。这首诗特别的地方,是一上来就说"清晨入古寺",他就走入寺庙了,然后"初日照高林",进入寺庙之后的景观了。南朝那些诗一般是讲我到那个寺庙去,我离开京城去城郊,或者山里面的什么寺庙,它都有一个过程,写一路看到的山色、树影、水声,写到最后说远远望到塔影,或者我远远听到钟声,基本上就是这么一个展开脉络,依循着这么一个时间脉络。常建的这首诗是将这样一个时间展开的脉络放到了自己进入寺院之内来呈现。刘先生讲这首诗,指出最后两句"万籁此俱寂,但余钟磬音",与之前"山光悦鸟性,潭影空人心",先是写色,然后写声。刘先生特别讲到先是视觉,第三联写视觉,第四联写听觉,看似非常简单,但都是非常贴切的。从六朝诗来看,它就是这样的,它一路描写的山水,就是环境,就是所见的色彩,山、树、水、影,最后他可能听到钟声,就是这么展开的。所以这首诗的解读本身看似非常平易,但实际上把握的都是最关键的、确定不移的,抓住了时间的脉络,这些赏析非常细致,从视觉到听觉,都是非常精当的。书中有很多这样的例子可以真正给读者以启发。

[作者系复旦大学教授。本文是作者在2019年6月30日召开的《唐诗选注评鉴》(十卷本)出版座谈会暨唐诗选本研讨会上的发言]

这部书,为人民、为社会而著

文 / 过常宝

我简单说几点感想。

第一,我看到这么大一部书,一个人做,而且书的前面还展示了作者刘先生的手稿,让人很感动。一人之力做这么大的书,现在很少了。这让我想起聂石樵先生。他毕生的精力是写一部大文学史,他一直写到200多万字,写了唐五代,实在是写不动了。自宋以下,他实际上是有手稿的。有一天他就把我叫过去,把手稿给我,说你再接着帮我从宋代往下写。我虽然知道我功力不逮,但是师命不敢违,所以也就接着写。但是,不到半个月他就把我叫过去,说你把手稿还给我,我不要你往下写了。我说为什么?他说,写书是他一个人的事情,他一直在头脑中翻来覆去地想,好几个晚上睡不着,最后决定不能让我接着往下写。当时我们觉得有点不合时宜,但是确实非常令人感动。聂先生一直把著述当作人生的志业。刚才已经有好几位老师批评现在的风气,我看到刘老师这部书以后,真的有很大的反省。现在强调学术创新,在学术创新引导下,越做越艰涩,越做越偏狭,过于追求独到的见解,越独到越好,结果慢慢地就变成一种自娱自乐的或者是小圈子的东西。这确实跟我们老一辈学者的著作,像《唐诗选注评鉴》这样著作的学术宗旨差别很大。我觉得这样的书,是为了做学术、为了求其真、为了求其有用。可是,今天有用这一点,我们恐怕已经不在乎了。刘先生把它看作人生的事业,所以才会这样做学问。今天我们只是把它看作一个功名之器,我们也可以把责任推给环境,但是实际上我们自己是有很大责任的。通过这部书,我们也看到,老一辈学者真的是为人民、为社会在做学问,不纯粹是出于自己的目的。我们现在写论文,得看是不是能在名刊上发表,刊物什么风格,能不能评奖,得看最后能不能达到一个功利的目的。但是,我觉得像这本书,可能在刊物也发表不了,评奖估计也是不行的。也就是说,刘先生不是冲着评奖去的,是真的为了学术的传承,为了大众。所以,我觉得《唐诗选注评鉴》体现了刘先生对学术本身的热爱,体现了他的一种责任感。这个非常令人感动。

第二,《唐诗选注评鉴》以前看过,因为传播比较广,刚才各位专家评论,不管是选、注,还是集评、鉴赏,大家说得都非常好。我也有一些感受。因为600多首诗歌,每一首都写那么长的评鉴文字,很难。有时,一开始用力过猛,写三四十篇,再有才气的写五六十篇,后面就难以为继了,写得越来越平淡、越来越重复了。所以,要把600多篇写完,每一篇都写得好,这个确实让我佩服,这不是一般人能做到的事情。因为我们自己也写,写着写着,突然觉得再写就是重复自己的了。我仔细读了刘先生所写的一些篇章,文笔非常好,基本上是逐句串讲的方式。其中一个最大特点就是讲每一句里面的字,对字进行分析。字的场景描述的典型性、戏剧性要给它写出来,通过这个字来理清情感线索,情感还不是单纯的情感,是多层次的,还有发展的线索。此外,字还要显示出意境的营造来,一个字要从好几个层次来分析它,非常了不起。我知道刘先生是主情这一派的,认为诗歌就应该抒情,在抒情性方面,我觉得这部书是做得最好的。

第三,詹福瑞老师说这部书会在唐诗经典化过程中发挥非常重要的作用。他关于经典化的理解,我很赞同。一代有一代的经典,有学术经典,有大众经典,各种各样的经典。我觉得这个也是经典的。刘老师把哪首诗注得好,比如沈佺期的《入少密溪》,以前我们不大看,刘老师把它注得好,它就成了经典,这个经典就是刘老师创造的。当然,这部书入选量仍然较大,经典性不容易突出出来,我们更期待着刘老师的下一本精选。

[作者系北京师范大学教授。本文是作者在2019年6月30日召开的《唐诗选注评鉴》(十卷本)出版座谈会暨唐诗选本研讨会上的发言]

一部具有学术"现代性"的唐诗选本

文 / 彭玉平

　　刘学锴先生的道德文章早已经在学界确立,"刘学锴"这个名字就有高度的学术认同感,其学术的厚重与精准值得充分信任。

　　这部十卷本《唐诗选注评鉴》,所选唐诗,包括了大量的经典,可见其传承经典的用心。但我认为一部好的选本,还应该有发现并创造新经典的能力和魄力。历史上的唐诗经典,固然已经有相对稳定的集体认同,但一定也有被集体冷落而其实深具经典品格的作品,有眼界的选家所选出的作品应该兼有经典的传承与创造这两重特征。我粗检刘先生此书,深感刘先生的选本兼有这双重意义。有些作品此前并不知名,甚至根本不为人知,但经其慧眼拈出,并加以精到评析,果然具有不同凡响的艺术魅力。相信经过学术史的淘洗,这些原本"冷"的作品必能引起更多人的关注,从而逐步走向经典。

　　选本的注释,往往被视为只是查阅工具书或相关典籍的劳作而已。其实衡量一个选本的高下,注释也是其中重要的一环。有的诗歌,经常为不同的选本所选注,但一旦遇到大的难以解析的阅读障碍,也许诸多选本皆选择绕道而走,似乎这是不需要注释,其实是难以下注而已。有的注家往往连篇累牍引述材料,但哪一则材料与文本直接有关,却不下判断,这属于典型的引而不断。所以看上去引述文献丰富,可见注家学识之渊博,但其实缺乏判断力的渊博,也只是徒然炫人眼目——也是一种乱人耳目而已。大家的选本就能注人所不能注,由此而见其高致。尤其是诗歌,要真正做到烛隐见微,正需要大家以丰厚的学识在诸多材料中,以精准的眼力做出选择,从而方便读者自如地进入诗境。刘学锴先生此书便有这个特点,对勘不同选本对同一首诗歌的注释,自然就见出高低了。

刘先生此书的"评"是指引录的历代评论,这看上去只要简单排列评论即可,但事实上历代的诗歌评论特别是关于经典诗歌的评论数量浩繁,如果全部迻录,未免有掉书袋之嫌,且无形中为读者阅读增设障碍。我认为这类集评,既要做到所录评语有代表性,也要做到材料有稀缺性。代表性可见选家的眼光,稀缺性可见选家的广博。刘先生此书的"评",正可见这两者的统一,我认为这是十分难得的,也是造福读者之事。

刘先生的"鉴"是其对诗歌的鉴赏分析,也是最见其功力的部分,有的赏析文字多达数千言,可见刘先生用力所在。刘先生的鉴赏不仅梳理诗歌的结构脉络、情感表现、审美特征,而且将最新的学术研究或者其独到的体会融入其中,这使得这部选本在具备基础性的同时,也因为有大量学术成果的融入,而具备了相当的学术性。换言之,这是一部具有学术"现代性"的选本,由这一选本,也大体可见唐诗研究的新进展和新特点。

刘先生是唐诗学界当之无愧的一流学者。但近年学界所见，往往一流学者反而淡出学术第一线，经常以学术组织者的身份出现在学术界，这样的一流学者固然有其前期的高水平成果支撑其名誉，但在这种"组织"之下的学术不免要打折。也就是说一流学者自己的新学术可能依然是一流的，但一流学者组织而成的学术很可能是二流的。因为文出众手，难免水平参差，而有些水平的差距是难以弥合的。也许在组织之下，能一下推出一架书；也许孜孜矻矻，数年才成一本书。但此一架书是辛苦合作的产物，是可以被替代的；而此一本书是苦心经营、独立思想之物，是独特而不可替代的。能够被替代的学术一定不是第一流的，而无法被替代的学术才有可能是第一流的。

我一直认为，对于人文学术研究来说，一个群体合作而达到的学术高度有时反而不如一个人所能达到的高度。因为"合作"往往意味着学术的平衡与妥协，而真正的学术在这种平衡与妥协中反而失去了高度与个性。没有高度的学术只能是等而下之的学术，而没有个性的学术同样是平庸的学术。刘先生以八十高龄，不假他手，以一人之力成此宏著，皇皇十卷三百万字，就是典型的一流学者的一流学术，足以垂范当世和来者。

[作者系中山大学教授。本文是作者在2019年6月30日召开的《唐诗选注评鉴》（十卷本）出版座谈会暨唐诗选本研讨会上的发言]

听师一年课，定我一生业

文 / 查屏球

先说一说我和刘老师的学缘。我是 1979 年考到安徽师大的。当时高考的录取很奇怪，我高考分数很高，是铜陵市文理科第一名，在省内也是居于前列的，只因为高度近视，就被视为"残疾人"，什么学校都不敢要我。最后是家父找了他小学老师吴昭铭先生，吴先生当时是安徽师大教务处文科教学科科长，他向校长沙流辉汇报，经校长办公会研究才录取了我。所以，与别人高高兴兴入学不同，我入校初情绪是比较低的，虽然当时校报还特意报道了我的成绩，我仍没有精神，也不愿做新生代表在开学典礼上发言。有一天，系主任祖保泉老师把我叫到他办公室谈话，说："你不要以为你没进北大就灰心丧气了，我们这里也有北大的老师。"接着就说到刘学锴老师就是从北大调来的，自那之后我就对刘老师肃然起敬了。后来，辅导员又告诉我，刘学锴、余恕诚二老师很少去看系里包场的电影，更是感到敬畏。看电影，是那个年代唯一的娱乐，他们为了唐诗连这一点娱乐也放弃了。

后来，刘老师给77级同学上唐宋文学课，我就去旁听，因与自己的课有冲突，只能是断断续续的。非常幸运，第二年刘老师和余老师就给我们开了唐宋文学课，课时一年。当时一个年级有四个小班，我与刘运好、陈强（江弱水）、张秋婵在一、二班，同一间教室，朱志荣、张小平在三、四班，是另一间教室。刘、余各教一个大班，二人又常常对换着教，上半年余老师讲的多，下半年主要就是刘老师讲了。那时"文化大革命"结束不久，专业教学也刚刚恢复正规化。老师们教学热情都很高，两位先生上课都非常投入，在给我们讲读时，自己也往往浸入作品之中。他们都拿着讲稿，但不是宣读，而是与同学一起分享读诗体会。我还记得余老师在讲杜甫《江南逢李龟年》时说：年轻时与同学们一样见不出这首诗的好处。"文化大革命"时见到一位老先生在批斗后吟诵此诗，一下领悟到诗人对时代、命运剧转的无奈与苍凉，体味到其中凝重的诗情。他在讲这些时，自己也进入回忆之中。我现在仍能回忆起刘老师给我们讲《长恨歌》时一再重复"李隆基真荒唐"的语气，也能想得起刘老师在讲《李娃传》时那种眉飞色舞的神态。记得刘老师在讲李后主"最是仓皇辞庙日"一句时，感叹道：没有这种经历很难写出这种伤感，但是，他不只是一个诗人，而是一个君王，历史对一国之君的要求不只是会写诗词，所以，诗写得再好，仍是作为一个亡国之君为人批判。老师当时的叹息曾引起了同学们热烈讨论，并引出了关于政治与艺术分离的学术思考。二位先生又非常严谨，一字一句都写成讲稿，上课风格很相似，既不是天花乱坠的炫学，更不是慷慨激昂的造势渲染，而是平心静气，娓娓道来，朴实无华，以逐字逐句的讲解达到解疑释惑的效果。刘老师自言不写讲稿讲不了话。这句话对我影响很大,后来我到中学任教,也是在课前写出详细讲稿。这门课既是最受欢迎的,也是同学们投入时间最多的。朱东润先生主编的《中国历代文学作品选》共六本,其中唐宋部分两本是大家读得最熟的。熄灯前背诵唐诗宋词,已成为我们寝室几个同学的固定节目。这应与老师的吸引力是分不开的。上课时,刘老师对诗歌解读多能保持一种开放的态度,并一再鼓励我们要读出自己的体会。老师这些年的著作我一直关注着,无论是《李商隐诗歌集解》《李商隐文编年校注》《李商隐资料汇编》《李商隐传论》,还是《温庭筠全集校注》《温庭筠传论》都是我案头必备之作。我觉得老师治学由一家入手,先在自选的一亩三分地里深耕细作,建立起实实在在的学术优势,再扩散开去。看似是一种"小作坊式"的经营,但能将所有力量聚焦到一个点上,方向明确,方法简便,坚实有效,是一条越走越宽的学术之路,起点看似不显山不露水,但贵在坚持,数十年下来,回首一望,已达到旁人难及的高度了。我很幸运,在大三时得随老师学习一年,这一年决定了我的学术兴趣,也奠定了我的职业生涯。

　　我读这本书特别亲切,刘老师说他写了四年,这可能只是指执笔的时间,在我看来,很多篇章可能就是给我们上课时候的讲义。阅读本书,我好像回到了四十年前的课堂,又听刘老师给我们上课了。这样看来,本书应是刘老师一生或者说是到目前为止几十年研教唐诗的结晶,很多篇章都经历了几十年课堂教学的磨炼。唯因如此,这才是一部经典,处处体现了一位老师解难析疑的职业精神与授人以渔的教学理念。集工具性、学术性、艺术性于一体,应是本书的一大特色。前人常言:"诗无达诂",刘老师就是通过自己一点一点地梳理将之建成了一个可解可传的通达之学。刘勰《文心雕龙·知音》一开头就说知音难求,刘老师应该就是唐诗的一个知音,书中的鉴赏、分析、判断,多有很强的穿透力与概括力,其意义远远超过对单篇作品的串讲,往往包含了对诗人整体风格的评价及对整个时期的文学发展的总结,所以,本书也具有古典诗学史与唐诗史的意义。

本书最精彩的还是对具体作品独有慧心的解读,如刘老师说李白的"两岸青山相对出"表达了在船上的作者远远看到两座山出现地平线之上时的惊喜之情,这种判断既得之于他对诗歌文本精审的把握,还来自他对天门山实景的考察。如果像一些图画描述的那样,船行在两个山谷之间,所见应该是"两岸青山相对立"而不应"相对出"。这又就涉及天门山的地点问题,如果认为天门山是写在三峡一带,那就应该是"相对立";如果接受自宋以来的说法,认为天门山是写当涂大小梁山,那就应认同刘老师所说。我们可联系到李白这一次创作经历来思考这句:他是秋天从荆州下来的,一路上看到的都是两岸枯黄的土地,至此终于看到一个变化,视线里出现了两个青色山头,所以会感到惊喜。这一解读给我启发很大,依此解,"孤帆一片日边来"应是自述舟行所见所感,而非远观他景。一只船从太阳旁边经过,这里应含有一典故:伊尹在受商汤聘请的前夕,梦见自己乘船经过日月之旁。这是诗人很喜欢用的意象,如《行路难》"闲来垂钓碧溪上,忽复乘舟梦日边",就以这种意象表达君臣遇合的理想。刘师的解读是把自己摆在作者的位置上，尽可能设身处地地去想象一个具体的创作情景，也就将人带入更广阔的理解空间中了，具体感受到名作的魅力。记得上学时候刘老师讲到李商隐"巴山夜雨涨秋池"这首诗时，非常投入。他对诗人无奈、痛苦与希望心境的分析，把同学都吸引住了，直到下课，仍然围着老师问。多年后，我到重庆读硕，每逢秋天夜雨之时就想到刘师讲课时的神情。那时，我在读《普希金诗选》，老师的解读一下让我联想到《假如生活欺骗了你》这首诗，期末考试时，我就把这种感受写到试卷上，也受到老师的赞许与肯定。之前，我认为老师能深解本诗，或许与他自己有过相似的分居经历有关。这次读到书中关于这首诗的注析，才知道老师这些分析是出自一系列坚实的考证。这首诗题目有《夜雨寄北》与《夜雨寄内》之别，争议颇大。刘老师拿出非常靠得住的证据解决了这一疑案。他考证了李商隐不可能在从桂林回长安途中还有一次到蜀中的经历，空间、时间都是不允许的；他又发现李商隐在梓幕时期，有一段回长安探亲的经历。有了这一发现后，就能对"归期未有期"之语作更准确的说明，诗显然是写在这事之前，所寄对象当为其亲友如韩瞻者。此时其妻已去世二年多，"寄内"之说自不能成立。在解析这些疑难时，老师好像在跟读者进行探讨，也好像在跟作者对话，领着读者发问找答案，最终给了读者一个比较靠得住的结论。这样的解读本身就是一个经典，绝不是像他自谦的那样，是下里巴人不登大雅之堂的普及读物，其中的学术含量是相当高的。这种学术含量不是刻意为之，而是他自己几十年来教学的自然积累。很多问题都是他在教学中发现的,教学需要自圆其说,需要把模糊的东西条理化,需要把习以为常者问题化,刘老师授课是如此,著书也是如此,先说服自己,再说服学生,所论自然让人信服。这也是老师能影响学生的魅力所在。我对本书固然有自己的特殊感受,但由本书出版后的反响看,吾言不虚,吾道不孤。本书不是流行读物,初版2500多页,两大厚本,定价近300元,非真正喜好者,不会问津,但至今为止印数已过万册,在当今机读时代,已是出版界的奇迹了。一位八十多岁高龄学者,以手写的方式一笔一画完成了300万字论著,本身就是一个奇迹,发行的奇迹更证实了老师著作的价值。我们敬佩中州古籍出版社的学术眼光,也感谢他们所做的努力。我认为书籍是人类精神食粮,即以食物为喻,学者个性化的专题论著属于高档特色菜,可满足特定人群的需要,读者也可进行选择性接受;而知识性导读类书籍,是人人需要的大众菜,这类书籍必须要有高质量,才能保证知识的权威性与可信度。中外学术史上,有许多大家名家就是靠这类著作奠定了学术地位,我相信刘师这部巨著一定也会有这样的效应。

与同时期其他院校比,安徽师大培养出来的古典文学学者一定算多的,外出开会总能遇到安徽师大校友,这是安徽师大的骄傲,也是值得总结的成功历史,我想刘、余两位先生在唐宋文学教学方面的卓越贡献,应是这一成就中不可或缺的重要成分。我曾与刘师讨论过:安徽师大学人的特色是什么呢,他认为注重对具体作品的精读可能是一大特色,因为我们的学生是要当老师的,如果自己不能一字一句解读清楚,如何去教人家呢。这也许也是老师对自己学术特色的一个总结。

〔作者系复旦大学教授。本文是作者在2019年6月30日召开的《唐诗选注评鉴》（十卷本）出版座谈会暨唐诗选本研讨会上的发言〕